“十二五”职业教育国家规划教材
经全国职业教育教材审定委员会审定

新编基础会计实训

（第七版）

新世纪高职高专教材编审委员会 组编
主 编 任延冬 吴春珍
副主编 李 岩 张 杰
主 审 代 诺

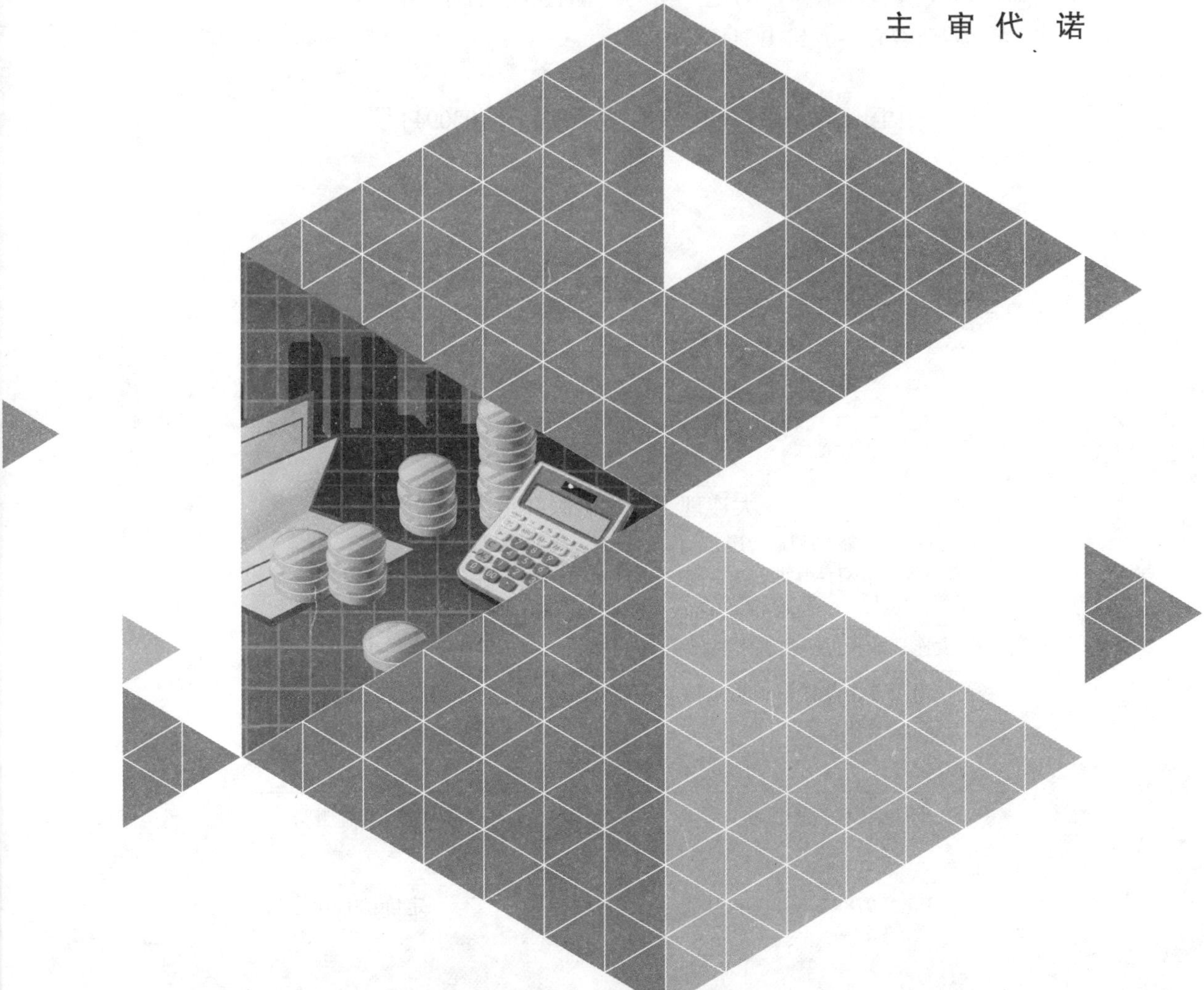

大连理工大学出版社

图书在版编目(CIP)数据

新编基础会计实训 / 任延冬, 吴春珍主编. —7版
. —大连 : 大连理工大学出版社, 2014.6(2016.6重印)
新世纪高职高专会计专业系列规划教材
ISBN 978-7-5611-8891-0

Ⅰ.①新… Ⅱ.①任… ②吴… Ⅲ.①会计学—高等
职业教育—教材 Ⅳ.①F230

中国版本图书馆CIP数据核字(2014)第030944号

大连理工大学出版社出版

地址:大连市软件园路80号 邮政编码:116023

发行:0411-84708842 邮购:0411-84708943 传真:0411-84701466

E-mail:dutp@dutp.cn URL:http://www.dutp.cn

大连日升彩色印刷有限公司印刷 大连理工大学出版社发行

幅面尺寸:185mm×260mm 印张:13.75 字数:323千字 插页:5

2002年8月第1版 2014年6月第7版

2016年6月第3次印刷

责任编辑:郑淑琴 责任校对:孟珊珊

封面设计:张 莹

ISBN 978-7-5611-8891-0 定价:30.80元

总　序

我们已经进入了一个新的充满机遇与挑战的时代，我们已经跨入了21世纪的门槛。

20世纪与21世纪之交的中国，高等教育体制正经历着一场缓慢而深刻的革命，我们正在对传统的普通高等教育的培养目标与社会发展的现实需要不相适应的现状作历史性的反思与变革的尝试。

20世纪最后的几年里，高等职业教育的迅速崛起，是影响高等教育体制变革的一件大事。在短短的几年时间里，普通中专教育、普通高专教育全面转轨，以高等职业教育为主导的各种形式的培养应用型人才的教育发展到与普通高等教育等量齐观的地步，其来势之迅猛，发人深思。

无论是正在缓慢变革着的普通高等教育，还是迅速推进着的培养应用型人才的高职教育，都向我们提出了一个同样的严肃问题：中国的高等教育为谁服务，是为教育发展自身，还是为包括教育在内的大千社会？答案肯定而且唯一，那就是教育也置身其中的现实社会。

由此又引发出高等教育的目的问题。既然教育必须服务于社会，它就必须按照不同领域的社会需要来完成自己的教育过程。换言之，教育资源必须按照社会划分的各个专业（行业）领域（岗位群）的需要实施配置，这就是我们长期以来明乎其理而疏于力行的学以致用问题，这就是我们长期以来未能给予足够关注的教育目的问题。

众所周知，整个社会由其发展所需要的不同部门构成，包括公共管理部门如国家机构、基础建设部门如教育研究机构和各种实业部门如工业部门、商业部门，等等。每一个部门又可作更为具体的划分，直至同它所需要的各种专门人才相对应。教育如果不能按照实际需要完成各种专门人才培养的目标，就不能很好地完成社会分工所赋予它的使命，而教育作为社会分工的一种独立存在就应受到质疑（在市场经济条件下尤其如此）。可以断言，按照社会的各种不同需要培养各种直接有用人才，是教育体制变革的终极目的。

随着教育体制变革的进一步深入，高等院校的设置是否会同社会对人才类型的不同需要一一对应，我们姑且不论，但高等教育走应用型人才培养的道路和走研究型（也是一种特殊应用）人才培养的道路，学生们根据自己的偏好各取所需，始终是一个理性运行的社会状态下高等教育正常发展的途径。

高等职业教育的崛起，既是高等教育体制变革的结果，也是高等教育体制变革的一个阶段性表征。它的进一步发展，必将极大地推进中国教育体制变革的进程。作为一种应用型人才培养的教育，它从专科层次起步，进而应用本科教育、应用硕士教育、应用博士教育……当应用型人才培养的渠道贯通之时，也许就是我们迎接中国教育体制变革的成功之日。从这一意义上说，高等职业教育的崛起，正是在为必然会取得最后成功的教育体制变革奠基。

高等职业教育还刚刚开始自己发展道路的探索过程，它要全面达到应用型人才培养的正常理性发展状态，直至可以和现存的（同时也正处在变革分化过程中的）研究型人才培养的教育并驾齐驱，还需要假以时日；还需要政府教育主管部门的大力推进，需要人才需求市场的进一步完善发育，尤其需要高职教学单位及其直接相关部门肯于做长期的坚忍不拔的努力。新世纪高职高专教材编审委员会就是由全国100余所高职高专院校和出版单位组成的旨在以推动高职高专教材建设来推进高等职业教育这一变革过程的联盟共同体。

在宏观层面上，这个联盟始终会以推动高职高专教材的特色建设为己任，始终会从高职高专教学单位实际教学需要出发，以其对高职教育发展的前瞻性的总体把握，以其纵览全国高职高专教材市场需求的广阔视野，以其创新的理念与创新的运作模式，通过不断深化的教材建设过程，总结高职高专教学成果，探索高职高专教材建设规律。

在微观层面上，我们将充分依托众多高职高专院校联盟的互补优势和丰裕的人才资源优势，从每一个专业领域、每一种教材入手，突破传统的片面追求理论体系严整性的意识限制，努力凸现高职教育职业能力培养的本质特征，在不断构建特色教材建设体系的过程中，逐步形成自己的品牌优势。

新世纪高职高专教材编审委员会在推进高职高专教材建设事业的过程中，始终得到了各级教育主管部门以及各相关院校相关部门的热忱支持和积极参与，对此我们谨致深深谢意，也希望一切关注、参与高职教育发展的同道朋友，在共同推动高职教育发展、进而推动高等教育体制变革的进程中，和我们携手并肩，共同担负起这一具有开拓性挑战意义的历史重任。

新世纪高职高专教材编审委员会

2001年8月18日

前言

《新编基础会计实训》(第七版)是"十二五"职业教育国家规划教材和普通高等教育"十一五"国家级规划教材,获2005~2006年度优秀图书畅销奖,也是新世纪高职高专教材编审委员会组编的会计专业系列规划教材之一。

本教材是编者在深入企业调研、获取必要数据和票据的基础上完成的,最大限度地还原了会计工作原貌,为各高职院校推进"教、学、做"一体化教学模式和项目化教学法提供了资源。与第六版相比较,本版教材难度略有下降,但是特色更加鲜明,适合高职院校相关专业开展教学活动。

一、内容简介

1. 会计基本操作能力单项实训

会计基本操作能力单项实训包括空白原始凭证填制技术实训和专用记账凭证编制技术实训。本教材提供部分重要结算票据,如支票、进账单、收据等,方便教师指导学生填制支票等重要的原始凭证,并可以结合已经填制的原始凭证,开展记账凭证编制技术的实训。

2. 会计基本操作能力专项实训

本教材将抚顺好宝贝童车厂2012年1月份的业务,按照筹集资金、材料采购、产品生产、产品销售、其他会计业务、财产清查、财务成果的计算与分配等七大专项划分原始凭证,提供专项实训,非常适合高职院校按照教学规律开展实践教学,更适合"教、学、做"一体化教学模式的推进。

3. 会计工作能力综合实训

本教材提供登记日记账、明细账和总账实训,提供编制主要会计报表实训,提供根据银行对账单编制银行存款余额调节表的实训。专项实训结束后,教师可以按照记账凭证编号的先后顺序,指导学生进行一个完整的会计期间(一个月)全部会计业务的综合实训。

二、教材特色

1. 重要数据和票据来自于企业

本教材中涉及的一些重要数据来自模拟企业所在地,

是编者在深入企业调研的基础上获得的。原始凭证是从企业取得的真实凭证，有一些票据是根据真实票据的扫描件制作的，包括增值税专用发票和抵扣联、普通发票、支票等，且带有印章。入库单、发料单是从模拟企业所在地的账证商店采购的，是企业普遍采用的，原材料入库汇总表等自制原始凭证是根据会计核算的需要自行设计的，由编者原创。

2. 还原会计工作原貌

本教材提供总账、日记账、三栏明细账和数量金额明细账、多栏式明细账，账簿的格式、行高、列宽基本是按照编者在辽宁地区账证专门商店采购的合法账簿设计的，全部账页设计成16开本，一些账簿格式设计滞后，或者项目不全，作者按照会计准则和会计科目的性质进行了全新的设计。账簿中上一年有期末余额的，已经完成结转下年的工作，使学生置身于新任会计角色，最大限度地还原了会计工作原貌，为各高职院校推进“教、学、做”一体化教学模式和项目化教学法提供了必要条件，有助于提高学生的会计工作能力，从而实现本课程培养目标。

3. 从形式到内容全面创新

本教材实训项目的设计是经过筛选和处理的，比如，企业生产的产品品种很多，重复性业务也很多，我们在设计时做了合理筛选，重复的、同样的业务，以够用为标准。与此同时，为了训练到位，尽量把学生应知应会的各种会计工作方法巧妙地设计进去，帮助学生提高会计工作能力。

本教材票据中的模拟企业、地址、开户行、账号、电话、纳税登记号等信息都是虚拟的，仅用于会计实训，请不要对号入座，不可用于任何违法活动。

《新编基础会计实训》(第七版)由抚顺职业技术学院任延冬、吴春珍任主编，滨州学院李岩、唐山科技职业技术学院张杰任副主编，建设银行抚顺分行代诺通审了全部书稿。具体编写分工如下：任延冬编写项目一、项目二中的工作任务1至工作任务4；吴春珍编写项目四；李岩编写项目二中的工作任务5至工作任务7；张杰编写项目三。

为方便教师教学和学生自学，本教材配有答案等配套资源，如有需要，请登录教材服务网站下载。

本教材是相关高职院校与企业倾力合作和集体智慧的结晶。尽管在教材的特色建设方面我们做出了很多努力，但可能存在不足之处，恳请各相关高职院校和读者在使用本教材的过程中予以关注，并将意见或建议及时反馈给我们，以便修订时完善。

编　者

2014年6月

所有意见和建议请发往：dutpgz@163.com

欢迎访问教材服务网站：http://www.dutpbook.com

联系电话：0411-84707492　84706671

目 录

基础会计实训大纲 …… 1

【项目一】会计基本操作能力单项实训 …… 4

【工作任务1】原始凭证审核与填制技术实训 …… 4

【工作任务2】专用记账凭证填制技术实训 …… 4

【工作任务3】通用记账凭证填制技术实训 …… 4

【项目二】会计业务核算专项实训 …… 19

【工作任务1】筹集资金业务核算工作实训 …… 19

【工作任务2】材料采购业务核算工作实训 …… 25

【工作任务3】产品生产业务核算工作实训 …… 51

【工作任务4】产品销售业务核算工作实训 …… 79

【工作任务5】其他会计业务核算工作实训 …… 105

【工作任务6】财产清查业务核算工作实训 …… 135

【工作任务7】财务成果的计算与分配业务核算工作实训 …… 139

【项目三】会计工作水平测试 …… 147

会计工作水平测试(一) …… 147

会计工作水平测试(二) …… 151

会计工作水平测试(三) …… 154

【项目四】会计工作能力综合实训 …… 159
【工作任务1】登记日记账 …… 159
【工作任务2】登记明细账 …… 159
【工作任务3】22日编制科目汇总表,登记总账 …… 159
【工作任务4】31日编制科目汇总表,登记总账 …… 159
【工作任务5】账账核对,账证核对,结账 …… 159
【工作任务6】编制利润表和资产负债表 …… 159
【工作任务7】核对银行存款日记账,编制银行存款余额调节表 …… 159
【工作任务8】装订会计凭证 …… 159

会计账簿 …… 165

基础会计实训大纲

一、会计实训目的

通过实训,帮助学生提高会计基本操作能力,具备较强的会计工作能力,为学好后续专业课奠定良好的基础。

二、模拟企业简介

抚顺好宝贝童车厂,是联营企业,是一般纳税人,企业坐落在辽宁省抚顺市顺城区临江路18号,注册资本800万元,其中郝宝投资500万元,郝贝投资300万元。企业法人代表郝宝。郝宝负责企业全面工作,郝贝负责生产经营工作。企业主要生产好宝贝牌婴儿车和好宝贝牌儿童多功能车两种产品,主要用于销售,设有独立的销售机构。会计主管张斯,负责财务工作,制单任延冬,负责制单、凭证管理和装订等工作。企业只有一个生产车间生产婴儿车和儿童多功能车两种产品,采用品种法进行成本核算,月末不计算在产品,没有辅助生产车间。材料核算采用实际成本法,月末按照实际消耗量分配材料费,制造费用月末按照定额工时分配。

三、会计工作流程

1. 审核原始凭证,根据审核无误的原始凭证编制记账凭证,逐日逐笔登记日记账、明细账。

2. 采用通用记账凭证,采用自然序号法,只有在一张记账凭证编写不下时,采用分号法。

3. 月末根据账簿记录计算与分配,编制月末结转类原始凭证,再据此编制记账凭证。

4. 采用科目汇总表核算程序登记总账。本月业务量不多,分两次汇总即可,22日汇总一次,登记总账,31日再汇总一次,再次登记总账。经过准确无误后结账。

5. 全部登记入账后,进行核对准确无误后结账。

6. 月末根据有关账簿记录编制利润表和资产负债表。

7. 月末根据银行对账单核对银行存款日记账,编制银行存款余额调节表。

四、会计工作指导

1. 每月25日各车间、单位统计出勤,月末计算应付工资,并分配。

2. 每月按照应付职工工资的2%代扣职工个人承担的医疗保险费、按照8%代扣个人应该负担的养老保险费、按照1%代扣职工个人应该负担的失业保险费,按照10%代扣职工个人承担的住房公积金,并缴存到社会保险公司和住房资金管理局职工个人账户上。

3. 每月分别按照应付职工工资的7%、20%、2%、10%计算医疗保险费、养老保险费、失业保险费和住房公积金，并缴存到社会保险公司和住房资金管理局职工个人账户上。

4. 每个月分别按照应付职工工资的0.3%和0.8%计算企业应该负担的工伤保险和生育保险，并缴存到社会保险公司（个人不负担，也不计入个人账户）。前三项和住房公积金，统称“三险一金”，再加后两项，统称“五险一金”。

5. 每个月企业分别按照应付职工工资的2%和2.5%计算工会经费和职工教育经费。

6. 每月工会经费中的40%上缴到市工会，其余60%划转到工会账上。

7. 各种费用按照一定的标准进行分配，费用分配率的计算精确到0.01，分配金额保留至分位，分配金额的尾差挤入最后的分配对象。

五、会计工作要求

1. 准确、及时、规范、美观。

2. 使用黑色或蓝黑色记账笔，特殊用途用红色记账笔。

3. 使用会计科目章、本月合计等套章。

六、会计工作实训项目

1. 会计基本操作能力单项实训

（1）空白原始凭证填制技术实训

（2）专用记账凭证和通用记账凭证编制技术实训

2. 会计业务核算专项实训

（1）筹集资金业务核算工作实训

（2）材料采购业务核算工作实训

（3）产品生产业务核算工作实训

（4）产品销售业务核算工作实训

（5）其他会计业务核算工作实训

（6）财产清查业务核算工作实训

（7）财务成果的计算与分配业务核算工作实训

3. 会计工作能力实训

（1）按照记账凭证编号整理记账凭证，根据记账凭证逐日逐笔登记日记账，日清月结。

（2）按照记账凭证编号逐日逐笔登记明细账。

（3）将1~22日业务汇总一次，设置T型账，编制科目汇总表，登记总账。

（4）将23~31日业务再汇总一次，再次登记总账。

（5）所有账簿登记入账后，进行核对，准确无误后结账。

（6）根据有关账簿记录编制1月份利润表和1月末资产负债表。

（7）根据银行对账单核对银行存款日记账，编制1月末银行存款余额调节表。

（8）装订2本会计凭证。

七、会计工作基础数据

1. 各账簿1月初余额，见总账、日记账、三栏明细账、数量金额明细账和多栏明细账中的上年结转金额。

2. 银行对账单数据记录，见中国建设银行抚顺永安支行对账单。

3. 上年利润数据见本书后面所附利润表，年初资产负债表数据见本书后面所附资产负债表。1月份利润表和1月末资产负债表也在此表中完成。

【项目一】
会计基本操作能力单项实训

【工作任务1】原始凭证审核与填制技术实训

【工作指导】根据抚顺好宝贝童车厂2012年2月部分会计业务，审核原始凭证，填制必要的原始凭证。

1. 审核增值税专用发票，填制现金支票。
2. 填制进账单。
3. 填制收款收据。
4. 审核住房公积金汇(补)缴书，填制转账支票。
5. 审核增值税专用发票，填制业务委托书。
6. 审核增值税专用发票，填制电汇凭证。
7. 填制现金交款单。
8. 计算、编制工会经费和职工教育经费计算表。

【工作任务2】专用记账凭证编制技术实训

【工作指导】该企业使用通用记账凭证，但是有些地区和单位使用专用记账凭证，为提高学生编制专用记账凭证能力，特设置此实训项目，即根据本项目工作任务1中的原始凭证，编制专用记账凭证。

1. 根据业务1，编制付款凭证。
2. 根据业务2，编制收款凭证。
3. 根据业务3，编制收款凭证。
4. 根据业务4，编制付款凭证。
5. 根据业务5，编制转账凭证。
6. 根据业务6，编制付款凭证。
7. 根据业务7，编制付款凭证。
8. 根据业务8，编制转账凭证。

【工作任务3】通用记账凭证编制技术实训

【工作指导】根据本项目工作任务1编制通用记账凭证。

【业务1】2012年2月1日，提现金1 500元，备用。

【工作指导1】填写现金支票，填制付款凭证(凭证编号为1；出纳编号为银付1)。实际工作中，支票付款行名称与出票人账号不必书写，领购支票时，开户行已经压印完毕。

【工作指导2】注意支票书写方法，存根联的出票日期小写，正联部分的出票日期大写。

1月和2月前面加“零”，10月为“零壹拾”月，11月和12月分别为“壹拾壹”月、“壹拾贰”月；1~9日前面加“零”，10日、20日、30日前面加“零”，如10日大写为“零壹拾”日。

中国建设银行
现金支票存根

附加信息

出票日期 年 月 日

收款人:

金 额:

用 途:

单位主管 会计

沈阳中钞证券印制公司·2011 年印制

中国建设银行 现金支票

付款期限自出票之日起十天

出票日期（大写） 年 月 日 付款行名称:

收款人: 出票人账号:

人民币（大写）	亿	千	百	十	万	千	百	十	元	角	分

用途 密码

上列款项请从

我账户内支付

出票人签章 复核 记账

附加信息:

收款人签章

年 月 日

身份证件名称: 发证机关:

号码

沈阳中钞证券印制公司·2011 年印制

（贴粘单处）

根据《中华人民共和国票据法》等法律法规的规定，签发空头支票由中国人民银行处以票面金额 5%但不低于 1000 元的罚款。

【业务2】2月5日，销售产品，收到转账支票一张。

【工作指导】填写进账单（第一联与第二联略）；填制收款凭证（凭证编号为2，出纳编号为银收1）。

2104121133 **辽宁省增值税专用发票** No 41311845

此联不作报销、扣税凭证使用

开票日期：2012年02月05日

购货单位	名称：抚顺罕王商场 纳税识别号：210411336699171 地址、电话：抚顺市新抚区东四路15号22525252 开户行及账号：工行新抚支行8654321123456789				密码区	略	
货物或应税劳务名称	规格型号	单位	数量	单价	金额	税率	税额
婴儿车		台	50	480.00	24 000.00	17%	4 080.00
儿童多功能车		辆	80	580.00	46 400.00	17%	7 888.00
合计					¥70 400.00		¥11 968.00
价税合计（大写）	⊗捌万贰仟叁佰陆拾捌元整					（小写）	¥82 368.00
销货单位	名称：抚顺好宝贝童车厂 纳税识别号：210413000000990 地址、电话：抚顺市顺城区临江路18号 77770000 开户行及账号：建设银行永安支行66602220000897				备注		

收款人：张小凤 复核： 开票人：张小凤 销货单位：（章）

第一联：记账联 销货方记账凭证

（印章：抚顺好宝贝童车厂 发票专用章 210413000000990）

中国建设银行进账单（收账通知） 3

年 月 日

出票人	全称		收款人	全称	
	账号			账号	
	开户银行			开户银行	
金额	人民币（大写）				亿 千 百 十 万 千 百 十 元 角 分
票据种类		票据张数			
票据号码					
复核 记账			收款人开户银行签章		

此联是收款人开户银行交给收款人的收账通知

凭证代码：0701

【业务3】2012年2月6日，收到张小花交来现金185.40元，系上月所欠赔款。

【工作指导】填写收款收据（第一联和第三联略）；填制收款凭证（凭证编号为3，出纳编号为现收1）。

辽财会账证49　（辽宁省统一收款收据 监制章 辽宁省财政厅监制）

收 款 收 据　　　　教学版 1

收款日期　　年　　月　　日

付款单位（交款人）		收款单位（收款人）		收款项目	
人民币（大写）		千 百 十 万 千 百 十 元 角 分		结算方式	
收款事由		经办	部门		
			人员		
上述款项照数收讫无误。 收款单位财会专用章： （领款人签章）	会计主管	稽核	出纳	交款人	

第二联 收款单位记账凭据

使用范围及规定：1、本收据只能用于单位内部和单位与单位、单位与个人之间的非经营性的经济往来，不得代替发票、行政事业性收费（基金）等政府非税收入收据和罚没收据。2、结算方式按现金结算、银行结算和转账等方式分别填列。3、作废时，应加盖作废戳记，并同存根一起保存，不得自行销毁。

【业务4】2月6日，支付1月份住房公积金。

【工作指导】填写转账支票，编制付款凭证（凭证编号为4，出纳编号为银付2）。

教学版　**抚顺市住房公积金汇（补）缴书**　NO 1279981

2012年2月6日　　附清册 5 张

单位名称	抚顺好宝贝童车厂			汇缴：□	2012年1月份		
住房公积金账号	12413168218			补缴：□	人 月份		
缴交金额人民币（大写）	叁万贰仟壹佰陆拾肆元整			百 十 万 千 百 十 元 角 分	¥ 3 2 1 6 4 0 0		
上月汇缴		本月增加数		本月减少数		本月汇缴	
人数	金额	人数	金额	人数	金额	人数	金额
55	32 164.00	0	0.00	0		55	¥32 164.00
缴款方式	转账☑ √	付款行		付款账号		支票号码	
	现金□	建设银行永安支行		66602220000897		略	

单位预留印鉴　　登记专柜盖章　　经办员 耿丽娜

（印章：抚顺好宝贝童车厂 财务专用章；郝印；抚顺市住房公积金管理局 2012.02.06 财务专用章）

第三联：登记专柜盖章后交单位记账

中国建设银行
转账支票存根

附加信息

出票日期　　年　　月　　日

收款人:

金　额:

用　途:

单位主管　　会计

沈阳中钞证券印制公司 · 2010 年印制

中国建设银行 转账支票

付款期限自出票之日起十天

出票日期（大写）　　年　　月　　日　　付款行名称:

收款人:　　出票人账号:

人民币（大写）	亿	千	百	十	万	千	百	十	元	角	分

用途　　密码

上列款项请从　　行号

我账户内支付

出票人签章　　复核　　记账

附加信息:	被背书人	被背书人
	背书人签章 年　月　日	背书人签章 年　月　日

（贴粘单处）

根据《中华人民共和国票据法》等法律法规的规定，签发空头支票由中国人民银行处以票面金额 5%但不低于 1000 元的罚款。

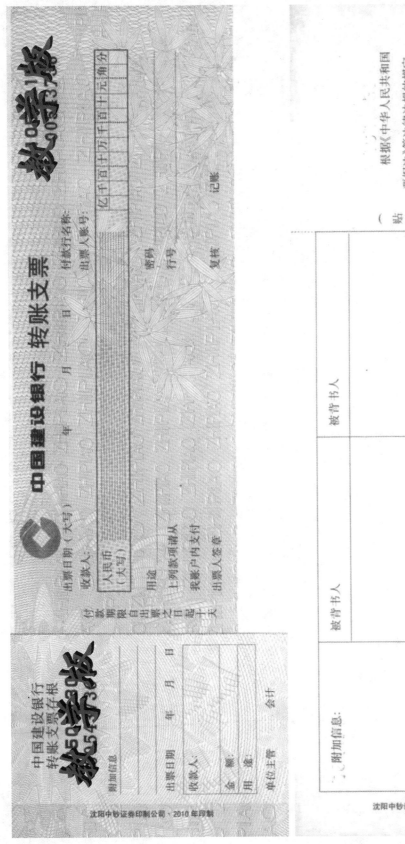

沈阳中钞证券印制公司 · 2010 年印制

【业务5】2012年2月22日，销售商品，款未收，委托银行收款。

【工作指导】填制业务委托书（第二联至第五联略），编制转账凭证（凭证编号为5）。

2104121133　　辽宁省增值税专用发票　　No 41311999

（全国统一发票监制章　国家税务总局监制）

此联不作报销、扣税凭证使用　　开票日期：2012年02月22日

教学版

购货单位	名称：济南银座 纳税识别号：210404123454321 地址、电话：济南市泺源大街66号 60659900 开户行及账号：建行济南支行6808000128765555				密码区	略		
货物或应税劳务名称	规格型号	单位	数量	单价	金额	税率	税额	
婴儿车		台	200	480.00	96 000.00	17%	16 320.00	
儿童多功能车		辆	200	580.00	116 000.00	17%	19 720.00	
合计					¥212 000.00		¥36 040.00	
价税合计（大写）	⊗贰拾肆万捌仟零肆拾元整				（小写）	¥248 040.00		
销货单位	名称：抚顺好宝贝童车厂 纳税识别号：210413000000990 地址、电话：抚顺市顺城区临江路18号 77770000 开户行及账号：建设银行永安支行6660222000897				备注	（抚顺好宝贝童车厂 210413000000990 发票专用章）		

收款人：张小凤　　复核：　　开票人：张小凤　　销货单位：（章）

第一联：记账联　销货方记账凭证

托收凭证（受理回单）　1　　教学版

委托日期　　年　月　日

业务类型	委托收款（□邮划、□电划）			托收承付（□邮划、□电划）		
付款人	全称		收款人	全称		
	账号			账号		
	地址	省　市/县　开户行		地址	省　市/县　开户行	
金额	人民币（大写）				亿 千 百 十 万 千 百 十 元 角 分	
款项内容		托收凭证名称		附寄单证张数		
商品发运情况			合同名称号码			
备注： 复核　记账		款项收妥日期 年　月　日		收款人开户银行签章 年　月　日		

凭证代码：0704

此联作收款人开户银行给收款人的受理回单

【业务6】2012年2月24日，电汇支付采购沈阳方圆铝厂材料款，原材料尚未验收入库。

【工作指导】填写电汇凭证（第一联略）；编制付款凭证（凭证编号为6，出纳编号为银付3）。

2101121133 **辽宁省增值税专用发票** No 81118921

发 票 联 开票日期：2012年02月24日

购货单位	名称：抚顺好宝贝童车厂 纳税识别号：210413000000990 地址、电话：抚顺市顺城区临江路18号 77770000 开户行及账号：建设银行永安支行66022220000897				密码区	略		
货物或应税劳务名称	规格型号	单位	数量	单价	金额	税率	税额	
铝合金		吨	1	11 000.00	11 000.00	17%	1 870.00	
合计					￥11 000.00		￥1 870.00	
价税合计（大写）	⊗壹万贰仟捌佰柒拾元整				（小写）		￥12 870.00	
销货单位	名称：沈阳方圆铝厂 纳税识别号：2100243864248880 地址、电话：沈阳市康平县康平镇 开户行及账号：建设银行康平支行67891110666054				备注			

收款人： 复核： 开票人：张芝琳 销货单位：（章）

第三联：发票联 购货方记账凭证

（印章：全国统一发票监制章 国家税务总局监制；沈阳方圆铝厂 2100243864248880 发票专用章）

教学版

中国建设银行 China Construction Bank

电 汇 凭 证

币别： 年 月 日 流水号：

汇款方式	□普通	□加急	
汇款人 全称		收款人 全称	
汇款人 账号		收款人 账号	
汇出行名称		汇入行名称	
金额（大写）		亿 千 百 十 万 千 百 十 元 角 分	
		支付密码	
		附加信息及用途：	
		客户签章	

会计主管 授权 复核 录入

第二联 客户回单

【业务7】2012年2月29日,存现金2 300元(来源:零星收入)。

【工作指导】填写现金交款单(第一联略),编制付款凭证(凭证编号为7,出纳编号为现付1)。

中国建设银行
China Construction Bank

现金交款单

币别: 年 月 日 流水号:

单位填写	收款单位		交款人	
	账 号		款项来源	
	(大写)			亿 千 百 十 万 千 百 十 元 角 分
银行确认栏	现金回单(无银行打印记录及银行签章无效)			

第二联 客户回单

复核 录入 出纳

【业务8】2012年2月29日,计算工会经费和职工教育经费。

【工作指导】继续完成工会经费和职工教育经费的计算,编制转账凭证(凭证编号为8)。

工会经费和职工教育经费计算表

2012年2月29日

分配对象		人数	应付职工工资	计算提取工会经费和职工教育经费		
				工会经费(2%)	职工教育经费(2.5%)	合计
车间	婴儿车生产工人	15	33 000.00			
	儿童多功能车生产工人	20	44 000.00			
	车间管理人员	2	5 940.00			
管理部门人员		13	58 630.00			
销售部门人员		5	19 250.00			
合计		55	160 820.00			

会计主管: 制表:

【项目二】
会计业务核算专项实训

【工作任务1】筹集资金业务核算工作实训

【业务1】1月4日，收到投资的存款和设备。记账凭证编号1。

【工作指导】协议书为复印件，原件单独保管，设备评估文件省略。

中国建设银行进账单（收账通知） 3　　　　31134025

2012 年 1 月 4 日

出票人	全称	抚顺黎明赛车厂	收款人	全称：抚顺好宝贝童车厂
	账号	12302220000089650000		账号：66602220000897
	开户银行	建设银行永安支行		开户银行：建设银行永安支行
金额	人民币（大写）	叁拾万元整		亿千百十万千百十元角分：¥30000000
票据种类	转账支票	票据张数：壹		
票据号码	略			
投资款		复核　记账		中国建设银行股份有限公司 抚顺永安支行 2012.01.04 业务用公章（05）　孙承飞　收款人开户银行签章

此联是收款人开户银行交给收款人的收账通知

教学版

凭证代码：0701

投资协议书（副本）　（摘录）

教学版

投出单位：抚顺黎明赛车厂

投入单位：抚顺好宝贝童车厂

……

第三，抚顺黎明赛车厂向抚顺好宝贝童车厂投资2 000 000元，其中人民币300 000元、机器设备（数控加工中心一台）1 700 000元。

第四，抚顺黎明赛车厂投资后，占抚顺好宝贝童车厂股本20%的份额，从2012年年底起按照出资比例分享利益，承担风险，不得随意撤出投入资本。

第五，抚顺黎明赛车厂必须在2012年1月10日前向抚顺好宝贝童车厂出资。

……

接受投资单位（公章）：抚顺好宝贝童车厂　　　　投资单位（公章）：抚顺黎明赛车厂

单位法人：郝宝　　　　单位法人：黎明

时间：2012年1月4日　　　　时间：2012年1月

（印章：抚顺好宝贝童车厂；郝宝印）　　（印章：抚顺黎明赛车厂；黎明印）

固定资产入账（出账）通知单

使用单位：生产车间　　　　2012年1月4日　　　　编号：2012001

固定资产类别	规格型号	建造单位			数量	原值	预计使用年限	预计净残值	每月计提折旧		入账（出账）原因
		名称	日期	编号					月折旧率	月折旧额	
车间设备		数控加工中心	2012-1-4	2101	1	1 700 000	15	170 000	0.50%	8 500	接受黎明赛车厂投资入账
合计					1	1 700 000		170 000	0.50%	8 500	

使用单位负责人：张　林　　　　验收人：王晓川

【业务2】1月6日，短期借款到账，年利率4.86%。记账凭证编号6。

【工作指导】贷款转存凭证的收款人是抚顺好宝贝童车厂，借款人全称也是本企业，账号是本企业在建行的贷款户。

中国建设银行　贷款转存凭证（借款借据）　0028789

账别：贷款户　　　　2012 年 1 月 6 日　　　　贷款种类：半年期

借款人	全　　称	抚顺好宝贝童车厂	收款人	全称	抚顺好宝贝童车厂
	账　　号	66602220000091		账号	66602220000897
	开户银行	建设银行抚顺分行		开户银行	建设银行永安支行
大写金额	（币种）人民币贰佰万元整			亿 千 百 十 万 千 百 十 元 角 分	¥ 2 0 0 0 0 0 0 0 0
委托你行将上述款项金额转存/支付建设银行永安支行存款户 借款人（盖章） 2012年1月6日		业务主管：林芝瑶 经办人：周光样		合同号：2012002 （信贷部门盖章） 年 月 日	

第四联：收款人收账通知

会计主管　　　　复核　　　　记账

【业务3】1月16日,归还短期借款及利息。记账凭证编号25。

【工作指导】经过核对明细账,应付利息已经全部预提。

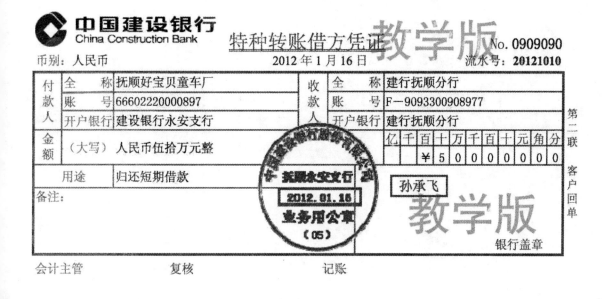

中国建设银行
China Construction Bank

特种转账借方凭证 No. 0909090

币别：人民币　　2012 年 1 月 16 日　　流水号：20121010

付款人	全称	抚顺好宝贝童车厂	收款人	全称	建行抚顺分行
	账号	66602220000897		账号	F—9093300908977
	开户银行	建设银行永安支行		开户银行	建行抚顺分行
金额	（大写）	人民币伍拾万元整			亿 千 百 十 万 千 百 十 元 角 分：¥ 5 0 0 0 0 0 0 0
用途		归还短期借款			
备注：					孙承飞　银行盖章

中国建设银行股份有限公司 抚顺永安支行 2012.01.16 业务用公章 (05)

第二联 客户回单

会计主管　　复核　　记账

中国建设银行
China Construction Bank

（ 贷款 ）利息清单　　9980790

币别：人民币　　2012 年 1 月 16 日　　流水号：20121011

户名：抚顺好宝贝童车厂			账号：66602220000897		
计息项目	起息日	结息日	本金/积数	利率	利息
短期借款	2011年11月15日	2012年1月15日	500 000	4.26%	RMB 3 550.00
合计（大写）	叁仟伍佰伍拾元整				RMB 3 550.00
			银行盖章 孙承飞		

中国建设银行股份有限公司 抚顺永安支行 2012.01.16 业务用公章 (05)

第二联 客户回单

会计主管　　授权　　复核　　录入

【工作任务2】材料采购业务核算工作实训

【业务1】1月4日，采购材料，验收入库，款已支付。记账凭证编号2。

2101121133　　**辽宁省增值税专用发票**　　No　81115886

发　票　联

开票日期：2012年01月04日

购货单位	名　　称：抚顺好宝贝童车厂 纳税识别号：210413000000990 地址、电话：抚顺市顺城区临江路18号　77770000 开户行及账号：建设银行永安支行66602220000897				密码区	教学版	
货物或应税劳务名称	规格型号	单位	数量	单价	金额	税率	税额
铝合金		吨	1	11 000.00	11 000.00	17%	1 870.00
合计					¥11 000.00		¥1 870.00
价税合计（大写）	⊗壹万贰仟捌佰柒拾元整				（小写）		¥12 870.00
销货单位	名　　称：沈阳方圆铝厂 纳税识别号：2100243864248880 地址、电话：沈阳市康平县康平镇 开户行及账号：建设银行康平支行67891110666054				备注	沈阳方圆铝厂 2100243864248880 发票专用章	

收款人：　　复核：　　开票人：张芝琳　　销货单位：（章）

第三联：发票联　购货方记账凭证

2101121133　　**辽宁省增值税专用发票**　　No　81115886

抵　扣　联

开票日期：2012年01月04日

购货单位	名　　称：抚顺好宝贝童车厂 纳税识别号：210413000000990 地址、电话：抚顺市顺城区临江路18号　77770000 开户行及账号：建设银行永安支行66602220000897				密码区	教学版	
货物或应税劳务名称	规格型号	单位	数量	单价	金额	税率	税额
铝合金		吨	1	11 000.00	11 000.00	17%	1 870.00
合计					¥11 000.00		¥1 870.00
价税合计（大写）	⊗壹万贰仟捌佰柒拾元整				（小写）		¥12 870.00
销货单位	名　　称：沈阳方圆铝厂 纳税识别号：2100243864248880 地址、电话：沈阳市康平县康平镇 开户行及账号：建设银行康平支行67891110666054				备注		

收款人：　　复核：　　开票人：张芝琳　　销货单位：（章）

第二联：抵扣联　购货方抵扣凭证

会计科目：原材料　　**原材料入库单**　　供应单位：沈阳方圆铝厂　　仓库：1号库

材料类别：主要材料　　2012 年 1 月 4 日　　发票号码：　　编号：201201

材料编号	名称	规格	计量单位	数量		实际成本					
				应收	实收	买价		采购费用	其他	总成本	单位成本
						单价	金额				
140301	铝合金	4mm	吨	1	1	11 000.00	11 000.00			11 000.00	11 000.00
						教学版					
合计				1	1		11 000.00			11 000.00	

第三联 财务记账

仓库保管员：黄 平　　经手人：李小玉

中国建设银行 China Construction Bank

电 汇 凭 证　　1786576

币别：人民币　　2012 年 1 月 4 日　　流水号：201000099090

汇款方式		√普通	□加急		
汇款人	全称	抚顺好宝贝童车厂	收款人	全称	沈阳方圆铝厂
	账号	66602220000897		账号	67891110666054
	汇出行名称	建设银行永安支行		汇入行名称	建设银行康平支行
金额	（大写）壹万贰仟捌佰柒拾元整		亿千百十万千百十元角分	¥ 1 2 8 7 0 0 0	
教学版			支付密码		
			附加信息及用途：支付购买铝材货款		客户签章

第二联 客户回单

中国建设银行股份有限公司 抚顺永安支行 2012.01.04 业务用公章 (05)

孙承飞

抚顺好宝贝童车厂 财务专用章

郝宝 印

会计主管　　授权　　复核　　录入　　表加

【业务2】1月5日，采购材料，尚未入库，款未付。记账凭证编号5。

2103121133　　**辽宁省增值税专用发票**　　No　21716889

发　票　联　　　开票日期：2012年01月05日

购货单位	名　　称：抚顺好宝贝童车厂 纳税识别号：210413000000990 地址、电话：抚顺市顺城区临江路18号　77770000 开户行及账号：建设银行永安支行66602220000897			密码区	教学版		
货物或应税劳务名称	规格型号	单位	数量	单价	金额	税率	税额
钢管	20mm	吨	10	13 050.00	130 500.00	17%	22 185.00
钢板	5mm	吨	5	6 150.00	30 750.00	17%	5 227.50
合计					¥161 250.00		¥27 412.50
价税合计（大写）	⊗壹拾捌万捌仟陆佰陆拾贰元伍角整				（小写）		¥188 662.50
销货单位	名　　称：鞍山钢铁公司 纳税识别号：2104403864248880 地址、电话：鞍山市铁西区鞍钢路20号22448888 开户行及账号：工行鞍钢路支行891643002107694125			备注	鞍山钢铁公司 2104403864248880 发票专用章		

收款人：　　复核：　　开票人：王冰冰　　销货单位：（章）

第三联：发票联　购货方记账凭证

2103121133　　**辽宁省增值税专用发票**　　No　21716889

抵　扣　联　　　开票日期：2012年01月05日

购货单位	名　　称：抚顺好宝贝童车厂 纳税识别号：210413000000990 地址、电话：抚顺市顺城区临江路18号　77770000 开户行及账号：建设银行永安支行66602220000897			密码区	教学版		
货物或应税劳务名称	规格型号	单位	数量	单价	金额	税率	税额
钢管	20mm	吨	10	13 050.00	130 500.00	17%	22 185.00
钢板	5mm	吨	5	6 150.00	30 750.00	17%	5 227.50
合计					¥161 250.00		¥27 412.50
价税合计（大写）	⊗壹拾捌万捌仟陆佰陆拾贰元伍角整				（小写）		¥188 662.50
销货单位	名　　称：鞍山钢铁公司 纳税识别号：2104403864248880 地址、电话：鞍山市铁西区鞍钢路20号22448888 开户行及账号：工行鞍钢路支行891643002107694125			备注			

收款人：　　复核：　　开票人：王冰冰　　销货单位：（章）

第二联：抵扣联　购货方抵扣凭证

【业务3】1月7日，开出转账支票，支付采购材料的运费，并分配。记账凭证编号12。

【工作指导】运输所购材料发票符合增值税抵扣要求，分配运费的同时按照运费的7%抵扣增值税。

原材料运费分配表

2012年1月7日

项目	重量（吨）	分配率（元/吨）	金额
钢管	10.00		1 860.00
钢板	5.00		930.00
合计	15.00	186.00	2 790.00

会计主管：张斯　　　　制单：任延冬

公路、内河货物运输业统一发票（代开）

抚顺

发票联

发票代码：477030554678

发票号码：11100103

开票日期：2012-01-07

机打代码 机打号码 机器编号	413030511102 00150125	税控码	
收货人及纳税人识别号码	抚顺好宝贝童车厂 210413000000990	承运人及纳税识别号	抚顺顺风运输公司
发货人及纳税人识别号码	鞍山钢铁公司 2104403864248880	主管税务机关及代码	抚顺市望花区地方税务局 210405123654987

运输项目及金额：

货物名称	数量	单位运价	计费里程	运费金额
钢	15吨	200		3 000.00

其他项目及金额：

费用名称	金额
搬运装卸费	0.00
仓储费	0.00
保险费	0.00
其他	0.00

备注：起运地：鞍钢　到运地：抚顺市顺城区　车（船）号：辽D168168

运费小计	¥3 000.00	其他费用小计	¥0.00
合计（大写）	⊗叁仟元整		¥3 000.00
代开单位及代码	抚顺市望花区地税局 21040400	扣缴税额、税率 完税凭证号码	/ —>完税凭证号 —> 税率 —> 税额 / —>51531510卡 —> 7% —>210.00 / —> —> —>

第三联 发票联 付款方记账凭证

开票人：张芳

公路、内河货物运输业统一发票（代开）

抵扣联　　抚顺

发票代码：477030554678
发票号码：11100103

开票日期：2012-01-07

机打代码 机打号码 机器编号	413030511102 00150125	税控码	教学版
收货人及 纳税人识别号码	抚顺好宝贝童车厂 210413000000990	承运人及 纳税识别号	抚顺顺风运输公司
发货人及 纳税人识别号码	鞍山钢铁公司 2104403864248880	主管税务机关 及代码	抚顺市望花区地方税务局 210405123654987
运输项目及金额	货物名称 数量 单位运价 计费里程 运费金额 钢 15吨 200 3 000.00	其他项目及金额	费用名称 金额 搬运装卸费 0.00 仓储费 0.00 保险费 0.00 其他 0.00 备注： 起运地：鞍钢 到运地：抚顺市顺城区 车（船）号： 辽D168168
运费小计	¥3 000.00	其他费用小计	¥ 0.00
合计（大写）	⊗叁仟元整		¥3 000.00
代开单位 及代码	抚顺市望花区地税局 21040400	扣缴税额、税率 完税凭证号码	/ —>完税凭证号 —> 税率 —> 税额 / —>51531510卡 —> 7% —> 210.00 / —> —> —>

开票人：张芳

第二联 抵扣联 付款方抵扣凭证

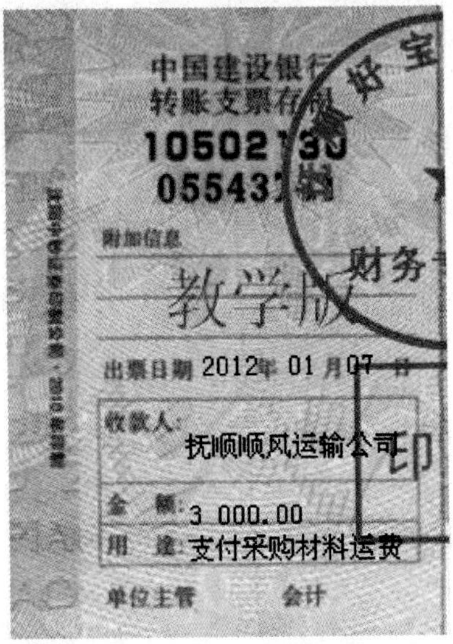
中国建设银行
转账支票存根
10502130
05543
附加信息
教学版
出票日期 2012年 01月07日
收款人：抚顺顺风运输公司
金 额：3 000.00
用 途：支付采购材料运费
单位主管 会计

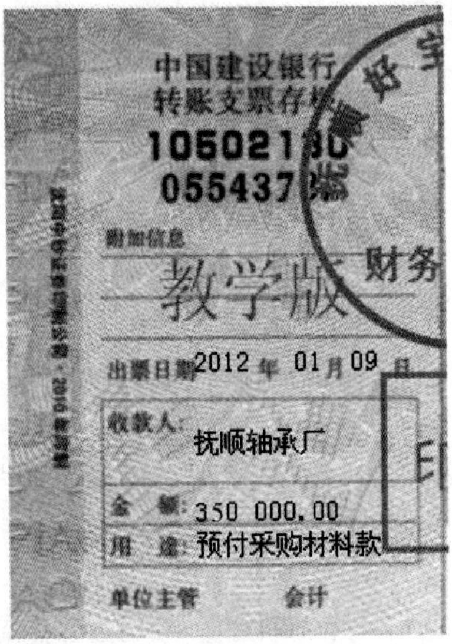
中国建设银行
转账支票存根
10502130
055437
附加信息
教学版
出票日期 2012年 01月09日
收款人：抚顺轴承厂
金 额：350 000.00
用 途：预付采购材料款
单位主管 会计

【业务4】1月9日，开出转账支票，预付采购材料款。记账凭证编号13。

【工作指导】用转账支票支付，由付款方填写进账单后到本单位开户行办理转账，收到回单联。

中国建设银行**进账单**（回　　单）1　　31134028

2012 年 1 月 9 日

出票人	全　称	抚顺好宝贝童车厂	收款人	全　称	抚顺轴承厂
	账　号	66602220000897		账　号	05101234009876555－55
	开户银行	建设银行永安支行		开户银行	工行新抚支行
金额	人民币（大写）	叁拾伍万元整	亿千百十万千百十元角分		¥ 3 5 0 0 0 0 0 0
票据种类	转账支票	票据张数	壹		
票据号码	略				
预付货款					
复核	记账		开户银行签章		

中国建设银行股份有限公司 抚顺永安支行 2012.01.09 业务用公章（05）

教学版　孙承飞

此联是开户银行交给持票人的回单

凭证代码：0701

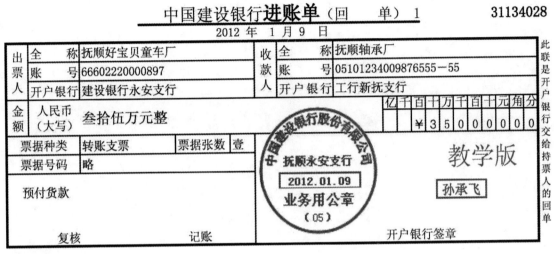

【业务5】1月9日，支付前欠货款。记账凭证编号14。

托收凭证（付款通知）　5

委托日期　2012 年 1 月 5 日　　付款期限2012年 1 月 8 日

业务类型	委托收款（□邮划、☑电划）			托收承付（□邮划、□电划）			
付款人	全　称	抚顺好宝贝童车厂		收款人	全　称	鞍山钢铁公司	
	账　号	66602220000897			账　号	891643002107694125	
	地　址	辽宁省抚顺市（县）	开户行：建行永安支行		地　址	辽宁省　鞍山市（县）	开户行：工行鞍钢路支行
金额	人民币（大写）	壹拾捌万捌仟陆佰陆拾贰元伍角整		亿千百十万千百十元角分		¥ 1 8 8 6 6 2 5 0	
款项内容	货款	托收凭证名称			附寄单证张数	壹张	
商品发运情况	已发运		合同名称号码		20120001		
备注：验单付款 付款人开户银行收到日期：　年　月　日 复核　记账		付款人开户银行签章 年　月　日			付款人注意： 1.根据支付结算办法，上列托收款（托收承付）款项在付款期限内未提出拒付，即视为同意付款，以此代付款通知。 2.如果提出全部或部分拒付，应在规定的期限内，将拒付理由书并附债务证明退交开户银行。		

中国建设银行股份有限公司 抚顺永安支行 2012.01.09 业务用公章（05）

教学版　孙承飞

此联付款人开户银行给付款人按期付款通知

凭证代码：0704

【业务6】1月9日，在途材料验收入库。记账凭证编号15。

会计科目：原材料　　**原材料入库单**　　供应单位：鞍钢　　仓库：1号库

材料类别：主要材料　　2012年1月9日　　发票号码：　　编号：201202

材料编号	名称	规格	计量单位	数量		实际成本						
				应收	实收	买价		采购费用	其他	总成本	单位成本	
						单价	金额					
140403	钢管	∮25mm	吨	10	10	13 050.00	130 500.00	1 860.00		132 360.00	13 236.00	第三联
140402	钢板	∮5mm	吨	5	5	6 150.00	30 750.00	930.00		31 680.00	6 336.00	财务记账
合计				15	15		161 250.00	2 790.00		164 040.00		

教学版　　教学版

仓库保管员：黄平　　经手人：李小玉

【业务7】1月11日，预定原材料入库，款已预付。记账凭证编号18。

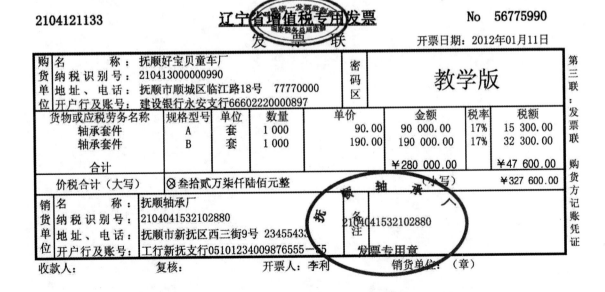

2104121133　　**辽宁省增值税专用发票**　　No 56775990

（印章：全国统一发票监制章 国家税务总局监制）

发票联　　开票日期：2012年01月11日

购货单位	名称：抚顺好宝贝童车厂 纳税识别号：210413000000990 地址、电话：抚顺市顺城区临江路18号 77770000 开户行及账号：建设银行永安支行6660222000897				密码区	教学版		
货物或应税劳务名称	规格型号	单位	数量	单价	金额	税率	税额	
轴承套件	A	套	1 000	90.00	90 000.00	17%	15 300.00	
轴承套件	B	套	1 000	190.00	190 000.00	17%	32 300.00	
合计					¥280 000.00		¥47 600.00	
价税合计（大写）	⊗叁拾贰万柒仟陆佰元整					（小写）	¥327 600.00	
销货单位	名称：抚顺轴承厂 纳税识别号：2104041532102880 地址、电话：抚顺市新抚区西三街9号 23455433 开户行及账号：工行新抚支行05101234009876555—55				备注			

（印章：抚顺轴承厂 2104041532102880 发票专用章）

第三联：发票联 购货方记账凭证

收款人：　　复核：　　开票人：李利　　销货单位：（章）

2104121133　　　　**辽宁省增值税专用发票**　　　　No 56775990

抵　扣　联

开票日期：2012年01月11日

购货单位	名　称：抚顺好宝贝童车厂 纳税识别号：210413000000990 地址、电话：抚顺市顺城区临江路18号　77770000 开户行及账号：建设银行永安支行66602220000897				密码区	教学版	
货物或应税劳务名称	规格型号	单位	数量	单价	金额	税率	税额
轴承套件	A	套	1 000	90.00	90 000.00	17%	15 300.00
轴承套件	B	套	1 000	190.00	190 000.00	17%	32 300.00
合计					¥280 000.00		¥47 600.00
价税合计（大写）	⊗叁拾贰万柒仟陆佰元整				（小写）		¥327 600.00
销货单位	名　称：抚顺轴承厂 纳税识别号：2104041532102880 地址、电话：抚顺市新抚区西三街9号　23455433 开户行及账号：工行新抚支行05101234009876555－55				备注		

第二联：抵扣联　购货方抵扣凭证

收款人：　　复核：　　开票人：李利　　销货单位：（章）

会计科目：原材料　　**原材料入库单**　　供应单位：抚顺轴承厂　　仓库：1号库

材料类别：主要材料　　2012 年 1 月 11 日　　发票号码：　　编号：201203

材料编号	名称	规格	计量单位	数量		实际成本					
				应收	实收	买价		采购费用	其他	总成本	单位成本
						单价	金额				
140306	轴承套件	A	套	1 000	1 000	90.00	90 000.00			90 000.00	90.00
140305	轴承套件	B	套	1 000	1 000	190.00	190 000.00			190 000.00	190.00
教学版								教学版			
合计				2 000	2 000		280 000.00			280 000.00	

第三联　财务记账

仓库保管员：黄　平　　经手人：李小玉

【业务8】1月12日，电汇支付前欠货款。记账凭证编号19。

中国建设银行 China Construction Bank　　**电 汇 凭 证**　　1786889

币别：人民币　　2012 年 1 月 12 日　　流水号：201000119089

汇款方式	☑普通		□加急		
汇款人	全 称	抚顺好宝贝童车厂	收款人	全 称	鞍山钢铁公司
	账 号	66602220000897		账 号	891643002107694125
	汇出行名称	建设银行永安支行		汇入行名称	工行鞍钢路支行
金额		贰仟伍佰元整		亿千百十万千百十元角分	¥250000
				支付密码	
				附加信息及用途：支付购买铝材货款	
				客户签章	

会计主管　　授权　　复核　　录入　　麦加

第二联 客户回单

中国建设银行股份有限公司 抚顺永安支行 2012.01.12 业务用公章 (05)

孙承飞

抚顺好宝贝童车厂 财务专用章

郝宝 印

教学版

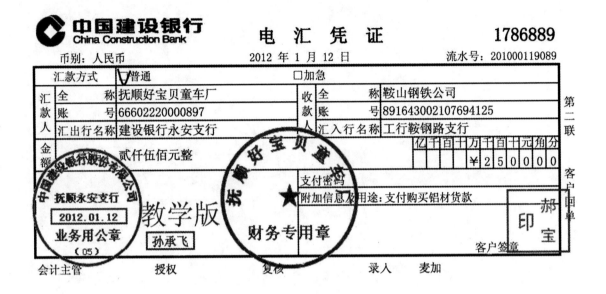

【业务9】1月18日，采购材料，支付银行承兑汇票，已验收入库。记账凭证编号26。

【工作指导】银行承兑汇票是复印件，原件已经交给卖方。

2104121133　　**辽宁省增值税专用发票**　　No 67775991

发 票 联　　开票日期：2012年01月18日

购货单位	名 称：抚顺好宝贝童车厂 纳税识别号：210413000000990 地址、电话：抚顺市顺城区临江路18号 77770000 开户行及账号：建设银行永安支行66602220000897			密码区	教学版		
货物或应税劳务名称	规格型号	单位	数量	单价	金额	税率	税额
彩色帆布		米	1 000	60.00	60 000.00	17%	10 200.00
合计					¥60 000.00		¥10 200.00
价税合计（大写）	⊗柒万零贰佰元整				（小写）		¥70 200.00
销货单位	名 称：沈阳帆布厂 纳税识别号：2100240415321020 地址、电话：沈阳市大东区小河沿7号 23455432 开户行及账号：建行大东区支行05101234009876345—20			备注	沈阳帆布厂 2100240415321020 发票专用章		

收款人：　　复核：　　开票人：任小民　　销货单位：（章）

第三联：发票联 购货方记账凭证

2104121133　　**辽宁省增值税专用发票**　　No 67775991

抵　扣　联　　开票日期：2012年01月18日

购货单位	名称：抚顺好宝贝童车厂 纳税识别号：210413000000990 地址、电话：抚顺市顺城区临江路18号 77770000 开户行及账号：建设银行永安支行66602220000897	密码区	教学版

货物或应税劳务名称	规格型号	单位	数量	单价	金额	税率	税额
彩色帆布		米	1 000	60.00	60 000.00	17%	10 200.00
合计					¥60 000.00		¥10 200.00
价税合计（大写）	⊗柒万零贰佰元整				（小写）		¥70 200.00

销货单位	名称：沈阳帆布厂 纳税识别号：2100240415321020 地址、电话：沈阳市大东区小河沿7号 23455432 开户行及账号：建行大东区支行05101234009876345－20	备注	

收款人：　　复核：　　开票人：任小民　　销货单位：（章）

第二联：抵扣联 购货方抵扣凭证

会计科目：原材料　　**原材料入库单**　　供应单位：沈阳帆布厂　　仓库：1号库

材料类别：辅助材料　　2012年1月18日　　发票号码：　　编号：201204

材料编号	名称	规格	计量单位	数量		实际成本					
				应收	实收	买价		采购费用	其他	总成本	单位成本
						单价	金额				
140306	彩色帆布	2.4	米	1 000	1 000	60.00	60 000.00			60 000.00	60.00
教学版							教学版				
合计				1 000	1 000		60 000.00			60 000.00	

第三联 财务记账

仓库保管员：黄 平　　经手人：李小玉

银行承兑汇票 2

出票日期（大写） 贰零壹贰年零壹月壹拾捌日 SY00321114

出票人全称	抚顺好宝贝童车厂	收款人	全称	沈阳帆布厂
出票人账号	66602220000897		账号	05101234009876345－20
付款行全称	建设银行永安支行		开户银行	建行大东区支行
出票金额	人民币（大写） 柒万零贰佰元整		亿千百十万千百十元角分	¥7020000
汇票到期日（大写）	贰零壹贰年柒月壹拾捌日	付款行	行号	建设银行永安支行
承兑协议编号	201000		地址	江路7号
本汇票请你行承兑，到期无条件付款。 出票人签章 年 月 日	本汇票已经承兑，到期日由本行付款。 承兑行签章 承兑日期 年 月 日 备注：			复核 记账

此联收款人开户行随托收凭证寄付款行作借方凭证附件

抚顺好宝贝童车厂 财务专用章
郝宝 印
中国建设银行股份有限公司 抚顺永安支行 汇票专用章
教学版
孙承飞

【业务10】1月22日，支付到期票据款。记账凭证编号38。

托收凭证（付款通知） 5

付款期限2012年1月22日

委托日期 2012年1月20日

业务类型	委托收款（☐邮划✓、☐电划）			托收承付（☐邮划、☐电划）		
付款人	全称	抚顺好宝贝童车厂	收款人	全称	沈阳帆布厂	
	账号	66602220000897		账号	05101234009876345－20	
	地址	辽宁省抚顺市（县） 开户行 建行永安支行		地址	辽宁省 沈阳市（县）	开户行 建行大东区支行
金额	人民币 贰拾玖万元整			亿千百十万千百十元角分	¥29000000	
款项	货款	托收凭据名称	银行承兑汇票	附寄单证张数	壹张	
商品发运情况				合同名称号码	20120909	
备注：银行承兑汇票到期，请付方按期支付。 付款人开户银行收到日期： 年 月 日 复核 记账		付款人开户银行签章 年 月 日		付款人注意： 1.根据支付结算办法，上列托收款（托收承付）款项在付款期限内未提出拒付，即视为同意付款，以此代付款。 2.如果提出全部或部分拒付，应在规定的期限内，将拒付理由书并附债务证明退交开户银行。		

此联付款人开户银行给付款人按期付款通知

中国建设银行股份有限公司 抚顺永安支行 2012.01.22 业务用公章
教学版
孙承飞

凭证代码：0704

【业务11】1月22日，采购润滑油，验收入库，款已支付。记账凭证编号33。

【工作指导】抚顺润滑油厂是小规模纳税人，发票由国税局代开，增值税税率3%。

2104121133　　辽宁省增值税专用发票（代开）　　No 01115883

全国统一发票监制章 国家税务局监制

发　票　联

开票日期：2012年01月22日

购货单位	名　　称：抚顺好宝贝童车厂 纳税识别号：210413000000990 地址、电话：抚顺市顺城区临江路18号　77770000 开户行及账号：建设银行永安支行66602220000897				密码区	教学版		
货物或应税劳务名称	规格型号	单位	数量	单价	金额	税率	税额	
润滑油		kg	200	10.00	2 000.00	3%	60.00	
合计					¥2 000.00		¥ 60.00	
价税合计（大写）	⊗贰仟零陆拾元整				（小写）	¥2 060.00		
销货单位	名　　称：抚顺润滑油厂 纳税识别号： 地址、电话：抚顺市顺城区临江路8号　76940000 开户行及账号：工行顺城支行05106121009876543－21				备注	抚顺市顺城区国家税务局 代开发票专用章		

第三联：发票联　购货方记账凭证

收款人：　　复核：　　开票人：李力娟　　销货单位：（章）

2104121133　　辽宁省增值税专用发票（代开）　　No 01115883

全国统一发票监制章 国家税务总局监制

抵　扣　联

开票日期：2012年01月22日

购货单位	名　　称：抚顺好宝贝童车厂 纳税识别号：210413000000990 地址、电话：抚顺市顺城区临江路18号　77770000 开户行及账号：建设银行永安支行66602220000897				密码区	教学版	
货物或应税劳务名称	规格型号	单位	数量	单价	金额	税率	税额
润滑油		kg	200	10.00000	2 000.00	3%	60.00
合计					¥2 000.00		¥ 60.00
价税合计（大写）	⊗贰仟零陆拾元整				（小写）	¥2 060.00	
销货单位	名　　称：抚顺润滑油厂 纳税识别号： 地址、电话：抚顺市顺城区临江路8号　76940000 开户行及账号：工行顺城支行05106121009876543－21				备注		

第二联：抵扣联　购货方抵扣凭证

收款人：　　复核：　　开票人：李力娟　　销货单位：（章）

会计科目：原材料　　**原材料入库单**　　供应单位：抚顺润滑油厂　　仓库：1号库

材料类别：辅助材料　　2012 年 1 月 22 日　　发票号码：　　编号：201205

材料编号	名称	规格	计量单位	数量		实际成本					
				应收	实收	买价		采购费用	其他	总成本	单位成本
						单价	金额				
140307	润滑油	20	kg	200	200	10.00	2 000.00			2 000.00	10.00
合计				200	200		2 000.00			2 000.00	

第三联 财务记账

仓库保管员：黄　平　　　经手人：李小玉

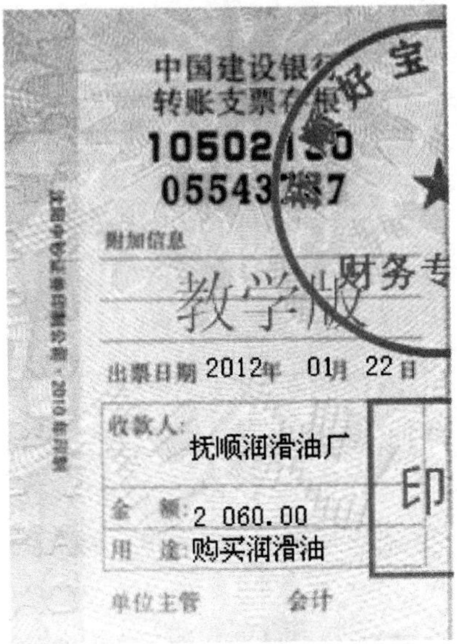
中国建设银行
转账支票存根
10502[illegible]
05543[illegible]7
附加信息

出票日期 2012年 01月 22日
收款人：抚顺润滑油厂
金　额：2 060.00
用　途：购买润滑油
单位主管　　会计

【工作任务3】产品生产业务核算工作实训

【业务1】1月30日，分配材料。记账凭证编号41 1/2和41 2/2。

【工作指导】本月领料单7张，省略。平时发出时，仓库只记数量，不记金额。月末，会计采用全月一次加权平均法计算材料单位成本，根据领料单编制原材料耗用汇总表，计算发出各种材料数量和成本。

原材料消耗汇总表

2012年1月30日

原材料	婴儿车		自行车		车间耗用		管理部门耗用		合计	
	数量	金额	数量	金额	数量	金额	数量	金额	数量	金额
铝合金	0.5	5 500.46	0.2	2 200.18					0.7	7 700.64
钢管	2.0	26 453.84	3.0	39 680.76			0.1	1 322.69	5.1	67 457.29
钢板	1.0	6 305.00	2.0	12 610.00	0.2	1 261.00			3.2	20 176.00
A型套件	900.0	80 883.00							900.0	80 883.00
B型套件			800.0	151 464.00					800.0	151 464.00
彩色帆布	900.0	53 820.00							900.0	53 820.00
润滑油	30.0	300.00	40.0	400.00	50.0	500.00	10.0	100.00	130.0	1 300.00
合计		173 262.30		206 354.94		1 761.00		1 422.69		382 800.93

会计主管 张斥　　制表：任延冬

【业务2】1月30日，计算并分配工资。记账凭证编号42。

【工作指导】先计算各部门每一职工的工资（如下表中行政部门人员的工资计算表），然后再分配工资。

职工工资计算表

2012 年 1 月 30 日

姓名	部门	岗位工资	薪级工资	岗位津贴	房补	应付职工工资	代扣款项目					实付职工工资
							医疗保险（2%）	失业保险（1%）	养老保险（8%）	住房公积金（12%）	所得税	
郝宝	行政	5 000	500	500	600	6 600	132.00	66.00	528.00	660.00	66.40	5 147.60
郝贝	行政	4 500	500	500	550	6 050	121.00	60.50	484.00	605.00	38.39	4 741.11
张伟	行政	4 000	400	500	500	5 400	108.00	54.00	432.00	540.00	22.98	4 243.02
张斯	行政	3 600	300	300	420	4 620	92.40	46.20	369.60	462.00	4.49	3 645.31
任延冬	行政	3 000	200	200	340	3 740	74.80	37.40	299.20	374.00		2 954.60
……		…	…	…	…	…	…	…	…	…	…	…
合计		108 000	21 600	16 600	14 620	160 820	3 216.40	1 608.20	12 865.60	16 082.00	647.80	126 400.00

会计主管：张斯　　制表：任延冬

职工工资分配表

2012年1月30日

分配对象		人数	岗位工资	薪级工资	岗位津贴	房补	应付职工工资	代扣款项目					实付职工工资
								医疗保险（2%）	失业保险（1%）	养老保险（8%）	住房公积金（10%）	个人所得税	
车间	婴儿车生产工人	15	22 500	4 500	3 000	3 000	33 000	660.00	330.00	2 640.00	3 300.00	85.00	25 985.00
	儿童多功能车生产工人	20	30 000	6 000	4 000	4 000	44 000	880.00	440.00	3 520.00	4 400.00	25.00	34 735.00
	车间管理人员	2	4 000	800	600	540	5 940	118.80	59.40	475.20	594.00	45.00	4 647.60
管理部门人员		13	39 000	7 800	6 500	5 330	58 630	1 172.60	586.30	4 690.40	5 863.00	237.26	46 080.44
销售部门人员		5	12 500	2 500	2 500	1 750	19 250	385.00	192.50	1 540.00	1 925.00	255.54	14 951.96
合计		55	108 000	21 600	16 600	14 620	160 820	3 216.40	1 608.20	12 865.60	16 082.00	647.80	126 400.00

会计主管：张斯　　　　制表：任延冬

【业务3】1月30日，分配企业承担的“五险一金”。记账凭证编号43 1/2 和43 2/2。

【工作指导】此类业务编制记账凭证可采用错位式，一张书写不下，采用两张乃至多张，采用分数法编号。

“五险一金”计算表

2012年1月30日

分配对象		人数	应付职工工资	计算提取“五险一金”						
				住房公积金（10%）	医疗保险（7%）	失业保险（2%）	养老保险（20%）	工伤保险（0.3%）	生育保险（0.8%）	合计
车间	婴儿车生产工人	15	33 000	3 300.00	2 310.00	660.00	6 600.00	99.00	264.00	13 233.00
	儿童多功能车生产工人	20	44 000	4 400.00	3 080.00	880.00	8 800.00	132.00	352.00	17 644.00
	车间管理人员	2	5 940	594.00	415.80	118.80	1 188.00	17.82	47.52	2 381.94
管理部门人员		13	58 630	5 863.00	4 104.10	1 172.60	11 726.00	175.89	469.04	23 510.63
销售部门人员		5	19 250	1 925.00	1 347.50	385.00	3 850.00	57.75	154.00	7 719.25
合计		55	160 820	16 082.00	11 257.40	3 216.40	32 164.00	482.46	1 286.56	64 488.82

会计主管 张斯　　　　制表：任延冬

教学版

【业务4】1月30日，计算工会经费和职工教育经费。记账凭证编号44 1/2和44 2/2。

工会经费和职工教育经费计算表

2012年1月30日

分配对象		人数	应付职工工资	计算提取工会经费和职工教育经费		
				工会经费（2%）	职工教育经费（2.5%）	合计
车间	婴儿车生产工人	15	33 000.00	660.00	825.00	1 485.00
	儿童多功能车生产工人	20	44 000.00	880.00	1 100.00	1 980.00
	车间管理人员	2	5 940.00	118.80	148.50	267.30
管理部门人员		13	58 630.00	1 172.60	1 465.75	2 638.35
销售部门人员		5	19 250.00	385.00	481.25	866.25
合计		55	160 820.00	3 216.40	4 020.50	7 236.90

会计主管：张斥　　　　制表：任延冬

【业务5】1月30日，分配福利。记账凭证编号45。

职工福利分配表

2012 年 1 月 30 日

分配对象		人数	分配标准	应付职工福利
车间	婴儿车生产工人	15	500.00	7 500.00
	儿童多功能车生产工人	20	500.00	10 000.00
	车间管理人员	2	500.00	1 000.00
管理部门人员		13	1 000.00	13 000.00
销售部门人员		5	1 000.00	5 000.00
合计		55		36 500.00

会计主管：张斯　　　　制表：任延冬

【业务6】1月30日,提取现金备用。记账凭证编号46。

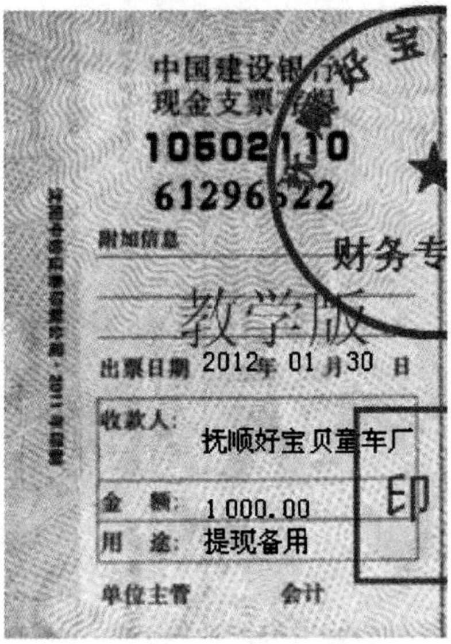
中国建设银行
现金支票存根
10502110
61296522
附加信息
教学版
出票日期 2012年 01月30 日
收款人: 抚顺好宝贝童车厂
金 额: 1 000.00
用 途: 提现备用
单位主管 会计

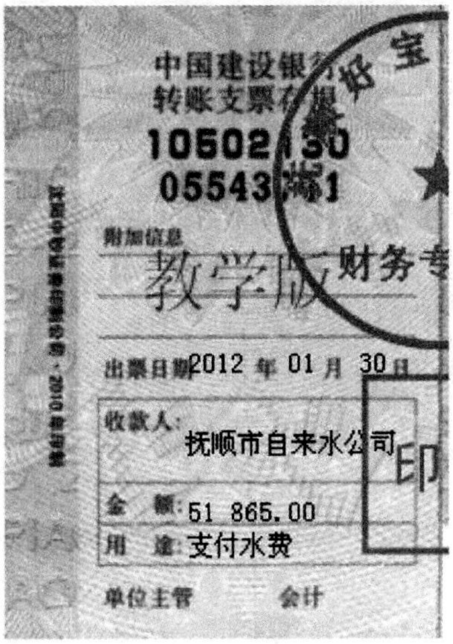
中国建设银行
转账支票存根
10502130
05543
附加信息
教学版
出票日期 2012 年 01 月 30 日
收款人: 抚顺市自来水公司
金 额: 51 865.00
用 途: 支付水费
单位主管 会计

【业务7】1月30日,支付并分配水费。记账凭证编号47。

【工作指导1】自来水公司是一般纳税人,采用简易办法征收,征收率为6%。

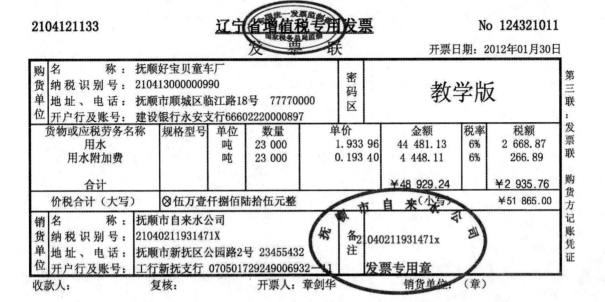

2104121133 **辽宁省增值税专用发票** No 124321011

发 票 联

开票日期: 2012年01月30日

购货单位	名称: 抚顺好宝贝童车厂 纳税识别号: 210413000000990 地址、电话: 抚顺市顺城区临江路18号 77770000 开户行及账号: 建设银行永安支行66602220000897				密码区	教学版		
货物或应税劳务名称	规格型号	单位	数量	单价	金额	税率	税额	
用水		吨	23 000	1.933 96	44 481.13	6%	2 668.87	
用水附加费		吨	23 000	0.193 40	4 448.11	6%	266.89	
合计					¥48 929.24		¥2 935.76	
价税合计(大写)	⊗伍万壹仟捌佰陆拾伍元整				(小写)		¥51 865.00	
销货单位	名称: 抚顺市自来水公司 纳税识别号: 21040211931471X 地址、电话: 抚顺市新抚区公园路2号 23455432 开户行及账号: 工行新抚支行 07050172924900693211				备注	抚顺市自来水公司 21040211931471x 发票专用章		

收款人: 复核: 开票人: 章剑华 销货单位: (章)

第三联:发票联 购货方记账凭证

2104121133 **辽宁省增值税专用发票** No 124321011

抵 扣 联 开票日期：2012年1月30日

购货单位	名 称：抚顺好宝贝童车厂 纳税识别号：210413000000990 地址、电话：抚顺市顺城区临江路18号 77770000 开户行及账号：建设银行永安支行6660222000897			密码区	教学版		
货物或应税劳务名称	规格型号	单位	数量	单价	金额	税率	税额
用水 用水附加费		吨 吨	23 000 23 000	1.933 96 0.193 40	44 481.13 4 448.11	6% 6%	2 668.87 266.89
合计					¥48 929.24		¥2 935.76
价税合计（大写）	⊗伍万壹仟捌佰陆拾伍元整				(小写)		¥51 865.00
销货单位	名 称：抚顺市自来水公司 纳税识别号：21040211931471X 地址、电话：抚顺市新抚区公园路2号 23455432 开户行及账号：工行新抚支行070501729249006932—11			备注			

第二联：抵扣联 购货方抵扣凭证

收款人： 复核： 开票人：章剑华 销货单位：（章）

水费分配表

2012年 1 月 30 日

分配对象		消耗量（吨）	分配标准（元/吨）	分配金额（元）
车间	婴儿车	7 500	教学版	15 975.00
	儿童多功能车	8 500		18 105.00
	车间管理部门	3 600		7 668.00
管理部门		3 400	教学版	7 181.24
合计		23 000	2.127 4	48 929.24

会计主管：张斯 制表：任延冬

【工作指导2】水费分配表是自制原始凭证，分配水费时，先统计有关单位用水消耗量，然后计算水费分配率(精确到0.01)，最后分别计算各个分配对象应该分配的水费。如果分配率不是整数，将尾差挤入最后一个分配对象，制造费用的分配等类似业务均可采用这种方法。

【业务8】1月30日，发放职工福利。记账凭证编号48。

【工作指导】春节前职工福利因故未发放，改到春节后发放，共计36 500元，按税法规定代扣个人所得税1 200元，实际发放35 300元。个人所得税申报表11张，省略10张；银行支付清单6张，省略5张。

1月个人所得税申报表

发放单位：行政办　　　　制表日期：　2012 年 1月 30 日

序号	姓名	部门	应计税工资	职工春节福利	合计	扣除标准	所得额	税率	速算扣除	应纳税额	已纳税额	实纳税额	实领金额	签字或盖章
51	郝宝	行政	5 214.00	1 000	6 214.00	3 500	2 714.00	10%	105	166.40	66.40	100.00	900.00	郝宝
52	郝贝	行政	4 779.50	1 000	5 779.50	3 500	2 279.50	10%	105	122.95	38.39	84.56	915.44	郝贝
53	张伟	行政	4 266.00	1 000	5 266.00	3 500	1 766.00	10%	105	71.60	22.98	48.62	951.38	张伟
54	张斯	行政	3 649.80	1 000	4 649.80	3 500	1 149.80	3%	0	34.49	4.49	30.00	970.00	张斯
55	任延冬	行政	2 918.60	1 000	3 918.60	3 500	418.60	3%	0	12.56	0.00	12.56	987.44	任延冬
合计				36 500						1 874.80	674.80	1 200.00	35 300.00	

厂领导：郝宝印　　财务领导：张斯　　主管领导：　　部门领导：张伟　　制表人：任延冬

中国建设银行股份有限公司抚顺永安支行代理业务清单

日期：2012年01月30日　　制表：18214

客户名称：抚顺好宝贝童车厂　　代理账号：9090001293000146812З　　提交日期：2012/01/30

合同号：1201000123　　代理类别：（代理）发放工资　　录入日期：2012/01/30

业务名称：批量托付业务专户　　执行状态：执行完毕　　录入用户：181010

明细序号	账号	客户名称	所属部门	科目	金额	成功金额	执行状态	交易流水号
9909001	94367420591231	郝宝	厂办	21101	900.00	900.00	成功	81000050
9909002	94367420591232	郝贝	厂办	21101	915.44	915.44	成功	81000051
9909003	94367420591233	张伟	厂办	21101	951.38	951.38	成功	81000052
9909004	94367420591234	张斯	厂办	21101	970.00	970.00	成功	81000053
99[illegible]	[illegible]7420591235	任延冬	厂办	21101	987.44	987.44	成功	81000054

中国建设银行股份有限公司 抚顺永安支行 2012.01.30 业务用公章 (05)

孙承飞

教学版

合计：总笔数：55　　成功笔数：55　　失败笔数：0　　未执行笔数：0

总金额：35 300.00　　成功金额：35 300.00　　失败金额：0　　未执行金额：0

第6/6页

注：工资批量代付清单共计6张，其余5张省略。

中国建设银行
现金支票存根
10502
61296
附加信息
教学版 财务专
出票日期 2012 年 01 月 30 日
收款人：抚顺好宝贝童车厂
金额：35 300.00
用途：发放福利
单位主管 会计

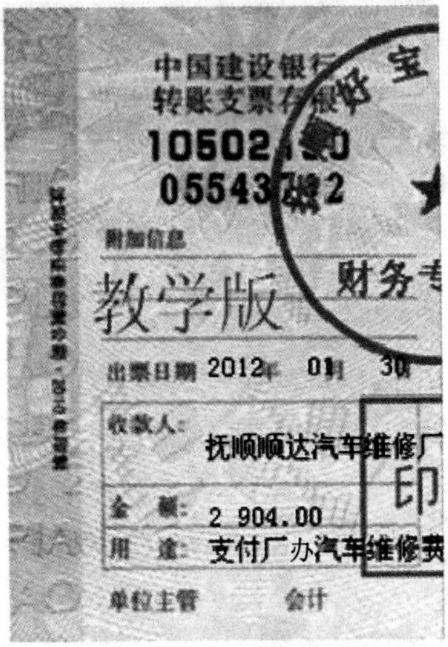
中国建设银行
转账支票存根
10502
05543
附加信息
教学版 财务专
出票日期 2012 年 01 月 30 日
收款人：抚顺顺达汽车维修厂
金额：2 904.00
用途：支付厂办汽车维修费
单位主管 会计

【业务9】1月30日，支付厂办汽车修理费，付支票。记账凭证编号49。

【工作指导】支付的是厂办汽车修理费，不能抵扣，所以取得增值税普通发票。

2104121133　　**辽宁省增值税普通发票**　　No 21115811

发　票　联

（全国统一发票监制章 国家税务总局监制）

开票日期：2012年01月30日

购货单位	名　称：抚顺好宝贝童车厂 纳税识别号：210413000000990 地址、电话：抚顺市顺城区临江路18号 77770000 开户行及账号：建设银行永安支行66602220000897			密码区	略		
货物或应税劳务名称	规格型号	单位	数量	单价	金额	税率	税额
汽车维修费		台次	2	1 241.02500	2 482.05	17%	421.95
合计					￥2 482.05		￥ 421.95
价税合计（大写）	⊗贰仟玖佰零肆元整				（小写）	￥2 904.00	
销货单位	名　称：抚顺顺达汽车维修厂 纳税识别号：210413000120912 地址、电话：抚顺市顺城区将军街8号 77771234 开户行及账号：建行将军支行55500220004321			备注			

收款人：　　复核：　　开票人：刘玲玲　　销货单位：（章）

（抚顺顺达汽车维修厂 210413000120912 发票专用章）

第三联：发票联 购货方记账凭证

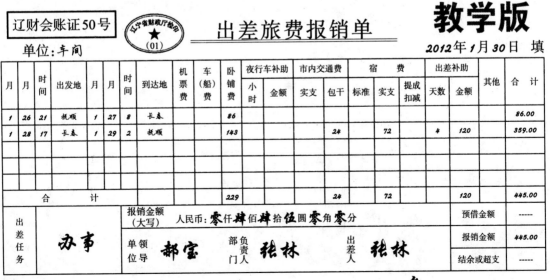

【业务10】1月30日，车间主任张林报销差旅费445元，付现金。记账凭证编号50。

【工作指导】车票、住宿费收据等粘贴在报销单后面，略。

辽财会账证50号　（辽宁省财政厅监印 ★ (01)）

出差旅费报销单

单位：车间　　2012年1月30日 填

月	月	时间	出发地	月	月	时间	到达地	机票费	车（船）费	卧铺费	夜行车补助 小时	夜行车补助 金额	市内交通费 实支	市内交通费 包干	宿费 标准	宿费 实支	宿费 提成扣减	出差补助 天数	出差补助 金额	其他	合计
1	26	21	抚顺	1	27	8	长春			86											86.00
1	28	17	长春	1	29	2	抚顺			143				24		72		4	120		359.00
合计										229				24		72			120		445.00

出差任务	办事	报销金额（大写）	人民币：零仟肆佰肆拾伍圆零角零分			预借金额	-----
		单位领导	郝宝	部门负责人	张林	报销金额	445.00
				出差人	张林	结余或超支	-----

会计主管人员　　记账　　审核　　附单据 叁 张

【业务11】1月30日，分配预付保险费。记账凭证编号51。

保险费摊销表

2012年1月30日

项目	受益部门	分配比例	分配金额
财产保险费	车间		6 800.00
财产保险费	厂部		4 000.00
合计			10 800.00

会计主管：张斯　　制单：任延冬

【业务12】1月30日，用现金支付清洁工费，并分配。记账凭证编号52。

保洁费分配表

2012年1月30日

项目	受益部门	分配比例	分配金额
保洁费	车间		800.00
保洁费	厂部		200.00
合计			1 000.00

会计主管：张斯　　制单：任延冬

【业务13】1月30日，转账支付领购支票的工本费和手续费及电子汇划费等。记账凭证编号53。

中国建设银行 China Construction Bank

业 务 收 费 凭 证 2786501

币别：人民币　　　　2012 年 1 月 30 日　　　　流水号：2016470990500

付款人 抚顺好宝贝童车厂　　　　账号 建设银行永安支行66602220000897

项目名称	工本费	手续费	电子汇划费		金额
现金支票	5.00	15.00			RMB 20.00
转账支票	5.00	25.00			RMB 30.00
手续费		66.00			RMB 66.00
转账			90.00		RMB 90.00
金额（大写）人民币贰佰零陆元整					RMB 206.00
付款方式	转账				

收费种类：
支票工本费手续费电子汇划费

中国建设银行股份有限公司 抚顺永安支行 2012.01.30 业务用公章 (05)

孙承飞

第二联 客户回单

会计主管　　授权　　复核　　录人 麦加

【业务14】1月30日，计提折旧。记账凭证编号54。

折旧费计算表

2012 年 1 月 30 日

项目	月初固定资产原值	月折旧率	月折旧额
车间设备	4 000 000.00	0.50%	20 000.00
车间房屋建筑物	3 000 000.00	0.50%	15 000.00
车间其他设备	800 000.00	0.50%	4 000.00
小计	7 800 000.00		39 000.00
厂部设备	900 000.00	0.50%	4 500.00
厂部房屋建筑物	1 000 000.00	0.50%	5 000.00
厂部车辆	500 000.00	0.60%	3 000.00
小计	2 400 000.00		12 500.00
合计	10 200 000.00		51 500.00

会计主管：张斯　　　　制表：任延冬

【业务15】1月30日，结转制造费用。记账凭证编号59。

【工作指导】制造费用分配表是自制原始凭证，分配额合计数来自于制造费用明细账，计算制造费用分配率时精确到0.01，用婴儿车定额工时乘以分配率计算出婴儿车分配到的制造费用，尾差挤入最后一个分配对象，儿童多功能车分配到的制造费用就是制造费用总额减去婴儿车分配到的制造费用后的差额。

制造费用分配表

2012 年 1月30 日

产品	定额工时	分配率	制造费用分配额
婴儿车	2 000.00		22 020.00
儿童多功能车	4 000.00		44 043.24
合计	6 000.00	11.01	66 063.24

会计主管：张斯　　制表：任延冬

【业务16】1月31日，产品完工入库。记账凭证编号62。

【工作指导】采用品种法计算产品成本，在产品成本期初期末均为0。

库存商品入库单

交库部门：车间　　2012年1月31日　　仓库：一号库

产品	计量单位	数量	单价	金额	交库原因
婴儿车	台	900.00	296.08	266 475.30	生产完工
儿童多功能车	辆	800.00	427.66	342 127.18	生产完工
合计				608 602.48	

会计主管：张斯　　制单：任延冬

产品成本计算表

2012年1月31日

产品名称：儿童多功能车

成本项目	月初在产品成本	本月生产费用	费用合计	完工产品成本	月末在产品成本
直接材料	0.00	206 354.94	206 354.94	206 354.94	0.00
职工薪酬	0.00	73 624.00	73 624.00	73 624.00	0.00
水费	0.00	18 105.00	18 105.00	18 105.00	0.00
制造费用	0.00	44 043.24	44 043.24	44 043.24	0.00
合计	0.00	342 127.18	342 127.18	342 127.18	0.00

会计主管：张斯　　制单：任延冬

产品成本计算表

2012年1月31日

产品名称：婴儿车

成本项目	月初在产品成本	本月生产费用	费用合计	完工产品成本	月末在产品成本
直接材料	0.00	173 262.30	173 262.30	173 262.30	0.00
职工薪酬	0.00	55 218.00	55 218.00	55 218.00	0.00
水费	0.00	15 975.00	15 975.00	15 975.00	0.00
制造费用	0.00	22 020.00	22 020.00	22 020.00	0.00
合计	0.00	266 475.30	266 475.30	266 475.30	0.00

会计主管：张斯　　制单：任延冬

【工作任务4】产品销售业务核算工作实训

【业务1】1月5日，销售产品，款存银行。记账凭证编号3。

【工作指导】收到转账支票，已经办妥进账手续。

中国建设银行**进账单**（收账通知） 3　　31134026

2012 年 1 月 5 日

出票人	全　　称	抚顺罕王商场	收款人	全　　称	抚顺好宝贝童车厂
	账　　号	8654321123456789		账　　号	66602220000897
	开户银行	工行新抚支行		开户银行	建设银行永安支行
金额	人民币（大写）	捌万贰仟叁佰陆拾捌元整		亿千百十万千百十元角分	¥8236800
票据种类	支票	票据张数	壹		
票据号码	略				
货款					
复核　记账			收款人开户银行签章		

中国建设银行股份有限公司 抚顺永安支行 2012.01.05 业务用公章 (05)

教学版

孙承飞

此联是收款人开户银行交给收款人的收账通知

凭证代码：0701

2104121133　　**辽宁省增值税专用发票**　　No 41311845

全国统一发票监制章 国家税务总局监制

此联不作报销、扣税凭证使用　　开票日期：2012年01月05日

购货单位	名　　称：抚顺罕王商场 纳税识别号：210411336699171 地址、电话：抚顺市新抚区东四路15号22525252 开户行及账号：工行新抚支行8654321123456789			密码区	略		
货物或应税劳务名称	规格型号	单位	数量	单价	金额	税率	税额
婴儿车		台	50	480.00	24 000.00	17%	4 080.00
儿童多功能车		辆	80	580.00	46 400.00	17%	7 888.00
合计					¥70 400.00		¥11 968.00
价税合计（大写）	⊗捌万贰仟叁佰陆拾捌元整				（小写）		¥82 368.00
销货单位	名　　称：抚顺好宝贝童车厂 纳税识别号：210413000000990 地址、电话：抚顺市顺城区临江路18号 77770000 开户行及账号：建设银行永安支行66602220000897			备注			

抚顺好宝贝童车厂 发票专用章 210413000000990

教学版

第一联：记账联 销货方记账凭证

收款人：张小凤　　复核：　　开票人：张小凤　　销货单位：（章）

【业务2】1月5日，销售产品，款未收。记账凭证编号4。

2104121133　　**辽宁省增值税专用发票**　　No 41311846

（全国统一发票监制章 国家税务总局监制）

此联不作报销、扣税凭证使用　　开票日期：2012年01月05日

购货单位	名称：抚顺中兴时代广场 纳税识别号：210403123123333 地址、电话：抚顺市新抚区西一路8号22509990 开户行及账号：建行抚顺分行新抚支行 070502341231234				密码区	教学版	
货物或应税劳务名称	规格型号	单位	数量	单价	金额	税率	税额
婴儿车		台	100	480.00	48 000.00	17%	8 160.00
儿童多功能车		辆	120	580.00	69 600.00	17%	11 832.00
合计					¥117 600.00		¥19 992.00
价税合计（大写）	⊗壹拾叁万柒仟伍佰玖拾贰元整				（小写）¥137 592.00		
销货单位	名称：抚顺好宝贝童车厂 纳税识别号：210413000000990 地址、电话：抚顺市顺城区临江路18号 77770000 开户行及账号：建设银行永安支行66602220000897				备注	（印章：抚顺好宝贝童车厂 发票专用章 210413000000990）	

收款人：张小凤　　复核：　　开票人：张小凤　　销货单位：（章）

第一联：记账联 销货方记账凭证

托收凭证（受理回单）　1

委托日期　2012年　1　月　5　日

业务类型	委托收款（□邮划✓□电划）			托收承付（□邮划、□电划）			
付款人	全称	抚顺中兴时代广场		收款人	全称	抚顺好宝贝童车厂	
	账号	070502341231234			账号	66602220000897	
	地址	辽宁省抚顺市（县）	开户行：建行新抚支行		地址	辽宁省　抚顺市（县）	开户行：建行永安支行
金额	人民币（大写）	壹拾叁万柒仟伍佰玖拾贰元整			亿千百十万千百十元角分	¥ 1 3 7 5 9 2 0 0	
款项内容	货款	托收凭证名称			附寄单证张数	壹张	
商品发运情况	已发运				合同名称号码	20120007	
备注：验单付款 复核　　记账		款项收妥日期 年　月　日			收款人开户银行签章 年　月　日		

（印章：中国建设银行股份有限公司 抚顺永安支行 2012.01.05 业务用公章 （05）；孙承飞）

此联作收款人开户银行给收款人的受理回单

凭证代码：0704

【业务3】1月9日,收到前欠货款。记账凭证编号16。

托收凭证（汇款依据或收账通知） **4**

委托日期 2012年 1月5日　　付款期限2012年1月9日

业务类型	委托收款（□邮划、☑电划）			托收承付（□邮划、□电划）			
付款人	全称	抚顺中兴时代广场		收款人	全称	抚顺好宝贝童车厂	
	账号	070502341231234			账号	66602220000897	
	地址	辽宁省抚顺市（县）	开户行：建行新抚支行		地址	辽宁省 抚顺市（县）	开户行：建行永安支行
金额	人民币（大写）	壹拾叁万柒仟伍佰玖拾贰元整			亿千百十万千百十元角分	¥ 1 3 7 5 9 2 0 0	
款项内容	货款	托收凭证名称			附寄单证张数	壹张	
商品发运情况	已发运			合同名称号码	20120007		
备注：验单付款		上列款项已划回收入你方账户内。					
复核　记账		收款人开户银行签章　年　月　日					

此联付款人开户行凭以汇款或收款人开户银行作收账通知

中国建设银行股份有限公司 抚顺永安支行 2012.01.09 业务用公章

孙承飞

教学版

凭证代码：0704

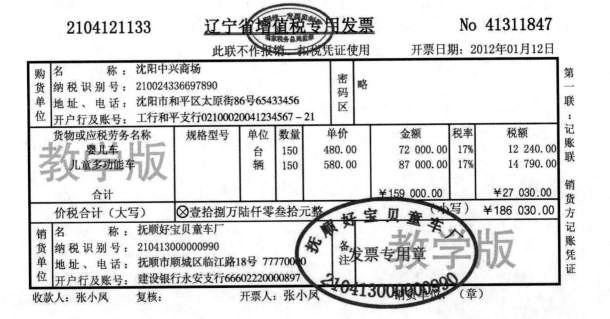

【业务4】1月12日,销售产品,用现金代垫运费,收到银行承兑汇票。记账凭证编号20。

【工作指导】银行承兑汇票和代垫运输发票为复印件,运费原件交给购货方。

2104121133　　**辽宁省增值税专用发票**　　No 41311847

全国统一发票监制章 国家税务总局监制

此联不作报销、扣税凭证使用　　开票日期：2012年01月12日

购货单位	名称：沈阳中兴商场 纳税识别号：210024336697890 地址、电话：沈阳市和平区太原街86号65433456 开户行及账号：工行和平支行02100020041234567－21				密码区	略	
货物或应税劳务名称	规格型号	单位	数量	单价	金额	税率	税额
婴儿车		台	150	480.00	72 000.00	17%	12 240.00
儿童多功能车		辆	150	580.00	87 000.00	17%	14 790.00
合计					¥159 000.00		¥27 030.00
价税合计（大写）	⊗壹拾捌万陆仟零叁拾元整					（小写）	¥186 030.00
销货单位	名称：抚顺好宝贝童车厂 纳税识别号：210413000000990 地址、电话：抚顺市顺城区临江路18号 77770000 开户行及账号：建设银行永安支行66602220000897				备注		

收款人：张小凤　　复核：　　开票人：张小凤　　销货单位：（章）

第一联：记账联 销货方记账凭证

抚顺好宝贝童车厂 发票专用章 210413000000990

教学版

公路、内河货物运输业统一发票（代开）

发票联　　抚顺

发票代码：477030666786

开票日期：2012-01-12　　发票号码：11100190

机打代码 机打号码 机器编号	413030511102 00150125	税控码	教学版
收货人及纳税人识别号码	沈阳中兴商场 210024336697890	承运人及纳税识别号	抚顺顺风运输公司
发货人及纳税人识别号码	抚顺好宝贝童车厂 210413000000990	主管税务机关及代码	抚顺市望花区地方税务局 210405123654987
运输项目及金额	货物名称 数量 单位运价 计费里程 运费金额 童车 300 45KM 6 270.00	其他项目及金额	费用名称 金额 搬运装卸费 0.00 仓储费 0.00 保险费 0.00 其他 0.00 备注： 起运地：抚顺市顺城区 到运地：沈阳市和平区 车（船）号： 辽D168168
运费小计	￥270.00	其他费用小计	￥0.00
合计（大写）	⊗贰佰柒拾元整		￥270.00
代开单位及代码	抚顺市望花区地税局 21040400	扣缴税额、税率 完税凭证号码	—>完税凭证号 —> 税率 —> 税额 / —>51531899卡 —> 7% —>18.90 / —> —> —>

开票人：张芳

第三联 发票联 付款方记账凭证

抚顺市望花区地方税务局 代开发票专用章 21040400

注：此票为复印件，为垫付运费的依据，原件交给购货方。

银行承兑汇票

2

出票日期（大写）　贰零壹贰 年 零壹 月 壹拾贰 日　　SY12321009

出票人全称	沈阳中兴商场	收款人	全称	抚顺好宝贝童车厂
出票人账号	02100020041234567－21		账号	66602220000897
付款行全称	工行和平支行		开户银行	建设银行永安支行
出票金额	人民币（大写）壹拾捌万陆仟叁佰元整			亿 千 百 十 万 千 百 十 元 角 分 ¥ 1 8 6 3 0 0 0 0
汇票到期日（大写）	贰零壹贰年肆月壹拾贰日	付款行	行号	
承兑协议编号	2012011		地址	沈阳市沈河区站前路8号
本汇票请你行承兑，到期无条件付款。 出票人签章 年 月 日		本汇票已经承兑，到期日由本行付款。 承兑行签章 承兑日期 年 月 日 备注：		复核 记账

此联收款人开户行随托收凭证寄付款行作借方凭证附件

沈阳中兴商场 财务专用章　　李中兴印　　中国工商银行股份有限公司沈阳和平支行 汇票专用章　　张阳阳

【业务5】1月12日，银行承兑汇票到期，款已收到。记账凭证编号21。

托收凭证（汇款依据或收账通知）4

委托日期 2012年 1月12日　　付款期限2012年1月12日

业务类型		委托收款（□邮划、☑电划）			托收承付（□邮划、□电划）				
付款人	全称	沈阳中兴商场			收款人	全称	抚顺好宝贝童车厂		
	账号	02100020041234567-21				账号	66602220000897		
	地址	辽宁省沈阳市（县）	开户行	工行和平支行		地址	辽宁省 抚顺市（县）	开户行	建行永安支行
金额	人民币 陆拾柒万捌仟陆佰元整						¥678600.00		
款项内容	货款		托收凭证名称			附寄单证张数	壹张		
商品发运情况	已发运					合同名称号码	20120209		
备注：汇票到期，收款。 复核 记账		上列款项已划回收入你方账户 收款人开户银行签章 年 月 日					孙承飞		

此联付款人开户行凭以汇款或收款人开户银行作收账通知

凭证代码：0704

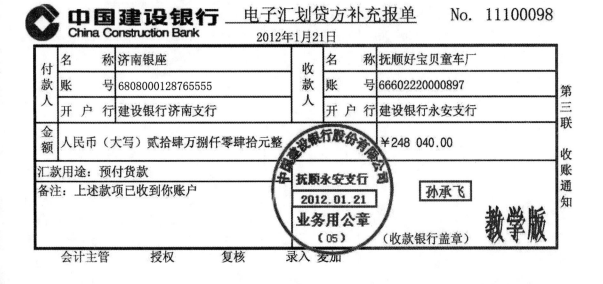

【业务6】1月21日，预收济南银座购货款，已电汇到账。记账凭证编号27。

中国建设银行 China Construction Bank　电子汇划贷方补充报单　No. 11100098

2012年1月21日

付款人	名称	济南银座	收款人	名称	抚顺好宝贝童车厂
	账号	6808000128765555		账号	66602220000897
	开户行	建设银行济南支行		开户行	建设银行永安支行
金额	人民币（大写）贰拾肆万捌仟零肆拾元整			¥248 040.00	
汇款用途：预付货款					
备注：上述款项已收到你账户				孙承飞 （收款银行盖章）	

第三联 收账通知

会计主管　授权　复核　录入 爱加

【业务7】1月21日，销售产品，货款已电汇到账。记账凭证编号28。

2104121133　　辽宁省增值税专用发票　　No 41311848

此联不作报销、扣税凭证使用　　开票日期：2012年01月21日

<table>
<tr><td>购货单位</td><td colspan="5">名称：铁岭兴隆百货公司
纳税识别号：210408620017156
地址、电话：铁岭市银州区银川路99号
开户行及账号：建行铁岭分行银州支行1312456543213</td><td>密码区</td><td colspan="2">教学版</td></tr>
<tr><td>货物或应税劳务名称</td><td>规格型号</td><td>单位</td><td>数量</td><td>单价</td><td>金额</td><td>税率</td><td>税额</td><td></td></tr>
<tr><td>婴儿车</td><td></td><td>台</td><td>100</td><td>480.00</td><td>48 000.00</td><td>17%</td><td>8 160.00</td><td></td></tr>
<tr><td>儿童多功能车</td><td></td><td>辆</td><td>150</td><td>580.00</td><td>87 000.00</td><td>17%</td><td>14 790.00</td><td></td></tr>
<tr><td>合计</td><td></td><td></td><td></td><td></td><td>￥135 000.00</td><td></td><td>￥22 950.00</td><td></td></tr>
<tr><td>价税合计（大写）</td><td colspan="6">⊗ 壹拾伍万柒仟玖佰伍拾元整</td><td colspan="2">（小写）￥157 950.00</td></tr>
<tr><td>销货单位</td><td colspan="5">名称：抚顺好宝贝童车厂
纳税识别号：210413000000990
地址、电话：抚顺市顺城区临江路18号 77770000
开户行及账号：建设银行永安支行66602220000897</td><td>备注</td><td colspan="2">抚顺好宝贝童车厂 发票专用章 210413000000990</td></tr>
</table>

收款人：张小凤　　复核：　　开票人：张小凤　　销货单位：（章）

第一联：记账联　销货方记账凭证

中国建设银行 China Construction Bank　　电子汇划贷方补充报单　　No. 11100189

2012 年 1 月 21 日

<table>
<tr><td rowspan="3">付款人</td><td>名称</td><td>铁岭兴隆百货公司</td><td rowspan="3">收款人</td><td>名称</td><td>抚顺好宝贝童车厂</td></tr>
<tr><td>账号</td><td>1312456543213</td><td>账号</td><td>66602220000897</td></tr>
<tr><td>开户行</td><td>建行铁岭分行银州支行</td><td>开户行</td><td>建设银行永安支行</td></tr>
<tr><td>金额</td><td colspan="3">人民币（大写）壹拾伍万柒仟玖佰伍拾元整</td><td colspan="2">￥157 950.00</td></tr>
<tr><td colspan="4">汇款用途：支付货款
备注：上述款项已收入到你方账户</td><td colspan="2">中国建设银行股份有限公司 抚顺永安支行 2012.01.21 业务用公章 (05)
孙承飞
（收款银行盖章）</td></tr>
</table>

会计主管　　授权　　复核　　录入 麦加

第三联　收账通知

教学版

【业务8】1月21日，支付由本企业承担的销售产品运杂费。记账凭证编号29。

公路、内河货物运输业统一发票（代开） 抚顺

发票联

开票日期：2012-01-21

发票代码：477030888168
发票号码：11100354

机打代码 机打号码 机器编号	413030511102 00150125	税控码	教学版
收货人及 纳税人识别号码	铁岭兴隆百货公司 210408620017156	承运人及 纳税识别号	抚顺顺风运输公司
发货人及 纳税人识别号码	抚顺好宝贝童车厂 210413000000990	主管税务机关 及代码	抚顺市望花区地方税务局 210405123654987
运输项目及金额	货物名称 数量 单位运价 计费里程 运费金额 童车 250 40km 7 280	其他项目及金额	费用名称 金额 搬运装卸费 0.00 仓储费 0.00 保险费 0.00 其他 0.00 备注： 起运地：抚顺市顺城区 到运地：铁岭市银州区 车（船）号： 辽D168168
运费小计	¥280.00	其他费用小计	¥0.00
合计（大写）	⊗贰佰捌拾元整		¥280.00
代开单位 及代码	抚顺市望花区地方税务局 21040400	扣缴税额、税率 完税凭证号码	/ —>完税凭证号 —> 税率 —> 税额 4—51031899卡 —> 7% —> 19.60 / —> —> —>

开票人：张芳

第三联 发票联 付款方记账凭证

（印章：抚顺市望花区地方税务局 代开发票专用章 21040400）

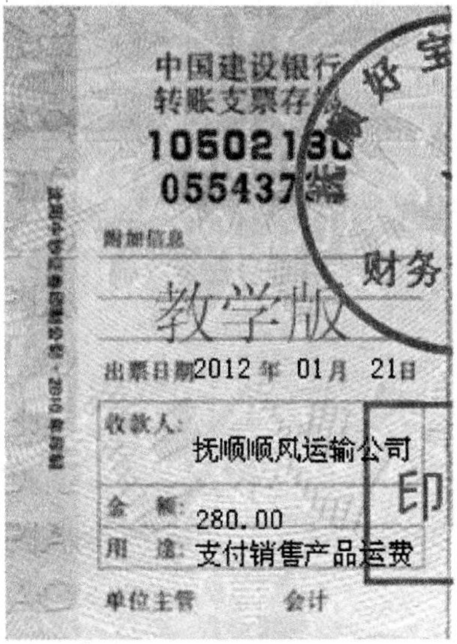
中国建设银行
转账支票存根
10502130
05543735
附加信息
教学版
出票日期 2012年 01月 21日
收款人：抚顺顺风运输公司
金 额：280.00
用 途：支付销售产品运费
单位主管 会计

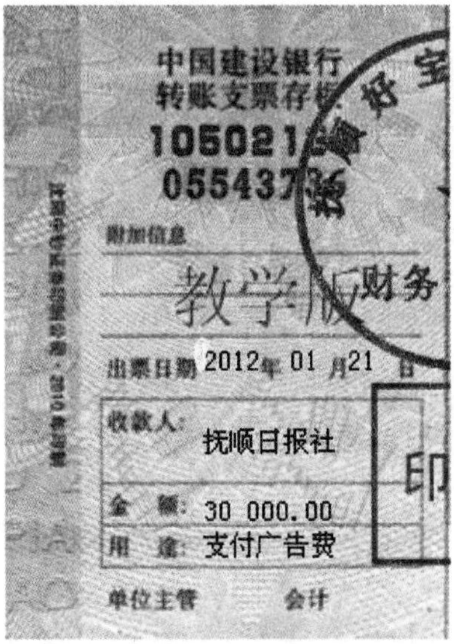
中国建设银行
转账支票存根
10502130
05543736
附加信息
教学版
出票日期 2012年 01月 21日
收款人：抚顺日报社
金 额：30 000.00
用 途：支付广告费
单位主管 会计

【业务9】1月21日，支付广告费。记账凭证编号30。

辽宁省地方税务统一发票

发 票 联

（全国统一发票监制章 国家税务总局监制）

抚顺

代码22104189765

流水号：240444256　　2012年 1 月 21 日　　No.00655777

付款单位（个人）：抚顺好宝贝童车厂

企业所属行业	服务业——广告业	税务登记号	210411463300018

项目：

项目	单位	数量	单价	金额
广告费	元	1.00	30 000.00	30 000.00

缴款方式：转账支票

金额（大写）叁万元整　　金额（小写）¥30 000.00

（抚顺日报社 收款专用章 210411463300018）

收款单位：抚顺日报社　　收款人：周晓风　　（手写无效）

（盖章有效）：

第二联 报销凭证

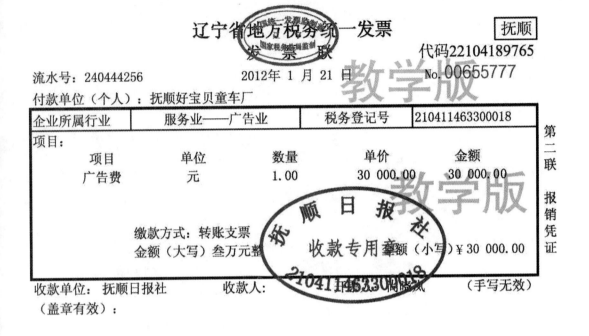

【业务10】1月22日，销售产品，款已预收。记账凭证编号31。

2104121133　　**辽宁省增值税专用发票**　　No 41311849

（全国统一发票监制章 国家税务总局监制）

此联不作报销、扣税凭证使用　　开票日期：2012年01月22日

购货单位	名称：济南银座 纳税识别号：210404123454321 地址、电话：济南市泺源大街66号 60659900 开户行及账号：建行济南支行6808000128765555	密码区	略

货物或应税劳务名称	规格型号	单位	数量	单价	金额	税率	税额
婴儿车		台	200	480.00	96 000.00	17%	16 320.00
儿童多功能车		辆	200	580.00	116 000.00	17%	19 720.00
合计					¥212 000.00		¥36 040.00
价税合计（大写）	⊗贰拾肆万捌仟零肆拾元整				（小写）		¥248 040.00

销货单位	名称：抚顺好宝贝童车厂 纳税识别号：210413000000990 地址、电话：抚顺市顺城区临江路18号 77770000 开户行及账号：建设银行永安支行66602220000897	备注	（抚顺好宝贝童车厂 发票专用章 210413000000990）

收款人：张小凤　　复核：　　开票人：张小凤　　销货单位：（章）

第一联：记账联 销货方记账凭证

【业务11】1月22日，销售产品，货款已电汇到账。记账凭证编号32。

【工作指导】购买方是小规模纳税人，所以开具增值税普通发票。

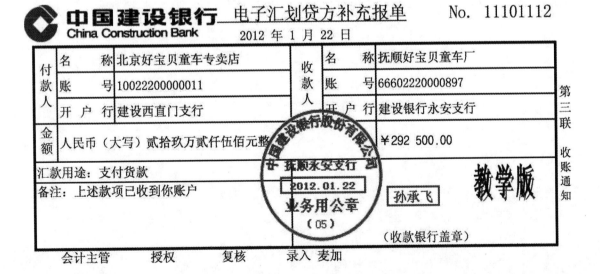

2104121133 **辽宁省增值税普通发票** No 21112149

发 票 联

开票日期：2012年01月22日

购货单位	名 称：北京好宝贝童车专卖店 纳税识别号： 地址、电话：北京市海淀区西直门外大街111号 11110000 开户行及账号：建设西直门支行10022200000011				密码区	教学版		
货物或应税劳务名称	规格型号	单位	数量	单价	金额	税率	税额	
婴儿车		台	400	480.00	192 000.00	17%	32 640.00	
儿童多功能车		辆	100	580.00	58 000.00	17%	9 860.00	
合计					¥250 000.00		¥42 500.00	
价税合计（大写）	⊗贰拾玖万贰仟伍佰元整				（小写）	¥292 500.00		
销货单位	名 称：抚顺好宝贝童车厂 纳税识别号：210413000000990 地址、电话：抚顺市顺城区临江路18号 77770000 开户行及账号：建设银行永安支行66602220000897				备注			

收款人： 复核： 开票人：张小凤

第一联：记账联 销货方记账凭证

（印章：抚顺好宝贝童车厂 发票专用章 210413000000990）

中国建设银行 China Construction Bank 电子汇划贷方补充报单 No. 11101112

2012 年 1 月 22 日

付款人	名 称	北京好宝贝童车专卖店	收款人	名 称	抚顺好宝贝童车厂
	账 号	10022200000011		账 号	66602220000897
	开 户 行	建设西直门支行		开 户 行	建设银行永安支行
金额	人民币（大写）贰拾玖万贰仟伍佰元整				¥292 500.00
汇款用途：支付货款					
备注：上述款项已收到你账户				（收款银行盖章）	

会计主管 授权 复核 录入 麦加

第三联 收账通知

（印章：中国建设银行股份有限公司抚顺永安支行 2012.01.22 业务用公章 (05)） 孙承飞 教学版

【业务12】1月30日，销售钢管，款存银行。记账凭证编号56。

中国建设银行进账单（收账通知） 3　　　　31134029

2012 年 1 月 30 日

出票人	全　　称	抚矿机械厂	收款人	全　　称	抚顺好宝贝童车厂
	账　　号	00908000002221568９−29		账　　号	66602220000897
	开户银行	工行望花支行		开户银行	建设银行永安支行
金额	人民币（大写）	柒万贰仟元整		亿千百十万千百十元角分	¥7200000
票据种类	支票	票据张数	壹		
票据号码	略				
出售材料款				中国建设银行股份有限公司 抚顺永安支行 2012.01.30 业务用公章 (05) 孙承飞	
复核　　记账				收款人开户银行签章	

此联是收款人开户银行交给收款人的收账通知

凭证代码：0701

2104121133　　**辽宁省增值税专用发票**　　No 41311850

此联不作报销、扣税凭证使用　　开票日期：2012年01月30日

购货单位	名　　称：抚矿机械厂 纳税识别号：210402336699123００ 地址、电话：抚顺市望花区建设街19号66660555 开户行及账号：工行望花支行00908000002221568９−29				密码区	略	
货物或应税劳务名称	规格型号	单位	数量	单价	金额	税率	税额
钢管		吨	4	15 384.62	61 538.48	17%	10 461.54
合计					¥61 538.48		¥10 461.54
价税合计（大写）	⊗柒万贰仟元整				（小写）	¥72 000.00	
销货单位	名　　称：抚顺好宝贝童车厂 纳税识别号：210413000000990 地址、电话：抚顺市顺城区临江路18号　77770000 开户行及账号：建设银行永安支行66602220000897				备注	抚顺好宝贝童车厂 发票专用章 210413000000990	

收款人：张小凤　　复核：　　开票人：张小凤　　销货单位：（章）

第一联：记账联 销货方记账凭证

【业务13】1月30日，结转已售材料成本。记账凭证编号57。

【工作指导】在汇总发出材料以后发生销售材料业务，单独结转已售材料成本。如果是在汇总之前销售材料，应该汇总在“原材料消耗汇总表”中，一并结转。

领　料　单

第 8 号

领料部门 销售科　　　　生产通知单号

工作名称　　　　2012年1月30日　　　　用　途 销售

编　号	材料名称	规　格	单位	请领数量	实发数量	单价	金　额
140302	钢　管		吨	4.00	4.00		5 2 9 0 7 6 8

	核准人	发料人	领料人
仓库登入材料账　年　月　日　签章 登入耗用材料登记表　年　月　日　签章	王　晶	黄　平	张胜林

【业务14】1月31日，结转已售产品成本。记账凭证编号63。

【工作指导】库存商品采用全月一次加权平均法计算单位成本，先计算期末存货成本，再计算主营业务成本，如果有尾差，挤入在主营业务成本。

主营业务成本计算表

2012年1月31日

项　目	婴儿车			儿童多功能车			金额合计
	数量	单位成本	金额	数量	单位成本	金额	
月初库存商品成本	200	289.51	57 902.00	50	385.00	19 250.00	77 152.00
本期完工入库商品成本	900	296.08	266 475.30	800	427.66	342 127.18	608 602.48
库存商品成本总额	1 100	294.89	324 377.30	850	425.15	361 377.18	685 754.48
期末库存商品成本	100	294.89	29 489.00	50	425.15	21 257.50	50 746.50
主营业务成本	1 000	294.89	294 888.30	800	425.15	340 119.68	635 007.98

会计主管：张斯　　　　制单：任延冬

产成品出库单

用途：销售　　　　2012 年 1 月5 日　　　　产成品库：一号库

类别	编号	名称及规格	计量单位	数量	单位成本	总成本	附注：
	1001	婴儿车	台	50			抚顺罕王商场自提发货
	1002	儿童多功能车	辆	80			
		合计					

②财务记账联

会计主管：张斯　　　　保管员：黄　平

产成品出库单

用途：销售　　　　2012 年 1 月5 日　　　　产成品库：一号库

类别	编号	名称及规格	计量单位	数量	单位成本	总成本	附注：
	1001	婴儿车	台	100			抚顺中兴时代广场自提
	1002	儿童多功能车	辆	120			
		合计					

②财务记账联

会计主管：张斯　　　　保管员：黄　平

产成品出库单

用途：销售　　　　2012 年 1 月12 日　　　　产成品库：一号库

类别	编号	名称及规格	计量单位	数量	单位成本	总成本	附注：
	1001	婴儿车	台	150			运输公司运送给沈阳中兴商场
	1002	儿童多功能车	辆	150			
		合计					

②财务记账联

会计主管：张斯　　　　保管员：黄　平

产成品出库单

用途：销售　　2012 年 1 月 21 日　　产成品库：一号库

类别	编号	名称及规格	计量单位	数量	单位成本	总成本	附注：
	1001	婴儿车	台	100			运输公司运送给铁岭兴隆百货
	1002	儿童多功能车	辆	150			
		合计					

②财务记账联

会计主管：张斯　　保管员：黄　平

产成品出库单

用途：销售　　2012 年 1 月 22 日　　产成品库：一号库

类别	编号	名称及规格	计量单位	数量	单位成本	总成本	附注：
	1001	婴儿车	台	200			济南银座自提
	1002	儿童多功能车	辆	200			
		合计					

②财务记账联

会计主管：张斯　　保管员：黄　平

产成品出库单

用途：销售　　2012 年 1 月 22 日　　产成品库：一号库

类别	编号	名称及规格	计量单位	数量	单位成本	总成本	附注：
	1001	婴儿车	台	400			北京好宝贝专卖店自提
	1002	儿童多功能车	辆	100			
		合计					

②财务记账联

会计主管：张斯　　保管员：黄　平

【工作任务5】其他会计业务核算工作实训

【业务1】1月6日，办公室报销购买路由器的费用，付现金125元。记账凭证编号7。

辽宁省抚顺市商业货物销售剪贴发票 121041024141

发 票 联 080425

付款单位（人）抚顺好宝贝童车厂 2012 年 01 月 06 日 抚国税（10）1批（三）04号

货名及规格	计量单位	数量	单价	金额 千	百	十	元	角	分	备注
路由器		1	125.00		1	2	5	0	0	本发票联大写金额与剪贴券剪留金额相符（十元以下部分除外），否则无效。
金额合计（大写）	零仟壹佰贰拾伍元零角零分				1	2	5	0	0	
结算方式	现金	开户银行及账号								

②报销凭证

销货单位（盖章有效） 收款人： 开票人：李洋

大商集团抚顺百货大楼有限公司 发票专用章

不剪贴券无效

大商集团抚顺百货大楼有限公司
东 一 路 四 号 2629188

2 0 十元

1 0 百元

0 千元

【业务2】1月6日，缴纳上月增值税和所得税。记账凭证编号8。

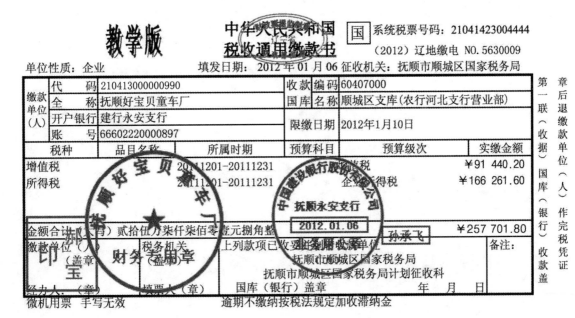

教学版

中华人民共和国 税收通用缴款书 国 系统税票号码：21041423004444

（2012）辽地缴电 NO. 5630009

单位性质：企业 填发日期：2012 年 01 月 06 征收机关：抚顺市顺城区国家税务局

缴款单位（人）			收款国库		
代码	210413000000990		编码	60407000	
全称	抚顺好宝贝童车厂		名称	顺城区支库(农行河北支行营业部)	
开户银行	建行永安支行		限缴日期	2012年1月10日	
账号	66602220000897				
税种	品目名称	所属时期	预算科目	预算级次	实缴金额
增值税		20111201-20111231		增值税	¥91 440.20
所得税		20111201-20111231		企业所得税	¥166 261.60
金额合计（大写）贰拾伍万柒仟柒佰零壹元捌角整					¥257 701.80
缴款单位（人）（盖章） 经办人（章）	税务机关（盖章） 填票人（章）	上列款项已收妥并划转收款单位 抚顺市顺城区国家税务局 抚顺市顺城区国家税务局计划征收科 国库（银行）盖章 年 月 日		备注：	

第一联（收据）国库（银行）收款盖章后退缴款单位（人）作完税凭证

抚顺好宝贝童车厂 财务专用章

中国建设银行股份有限公司 抚顺永安支行 2012.01.06 转讫

孙承飞

微机用票 手写无效 逾期不缴纳按税法规定加收滞纳金

【业务3】1月6日，缴纳上月应交税费。记账凭证编号9。

中华人民共和国
税收通用完税证

地　系统税票号码：2104111000159

(2012)辽地完电　6120456555

注册类型：企业　填发日期：2012 年 01 月 06 日

征收机关 抚顺市顺城区地方税务局

纳税人代码	210413000000990		地址	抚顺市顺城区临江路18号		
纳税人名称	抚顺好宝贝童车厂		税款所属时期	2011年12月01日至2011年12月31日		
税种	品目名称	课税数量	计税金额或销售收入	税率或单位税额	已缴或扣除额	实缴金额
个人所得税	其他个人所得税					¥1 234.00
城市维护建设税	城建税-增值税-7%		91 440.20	7%		¥6 400.81
教育费附加	教育附加-增值税-3%		91 440.20	3%		¥2 743.21
地方教育附加	地方教育附费加-增值税2%		91 440.20	2%		¥1 828.80
金额合计(大写)	壹万贰仟贰佰零陆元捌角贰分					¥12 206.82
税务机关（盖章）	委托代征单位（盖章）		韩璐　孟庆利 填票人(章) 抚顺市顺城区地方税务局计划征收科	备注		

第二联（收据）交纳税人作完税凭证

微机用票 手写无效

教学版

【业务4】1月6日，办公室主任张伟借款，准备出差。记账凭证编号10。

【工作指导】张伟在1月4日提出借款，1月6日经过审批后财务签发现金支票。

辽财会账证48号

借　款　单（记账）

单位：车间

2012年1月4日　顺序第 1 号

借款单位	*办公室	姓名	*张伟	级别	*科长	出差地点	*北京
						天数	5天
事由	*开会	借款金额（大写）	*肆仟元 ¥4000.00				
单位负责人签署	张伟	借款人签章	张伟	注意事项	一、有*者同借款人填写 二、凡借用公款必须使用本单 三、第三联为正式借据由借款人和单位负责有签章 四、出差返回后三日内结算		
机关首长或授权人批示	郝宝	审核意见	同意				

教学版

第三联　借款记账凭证

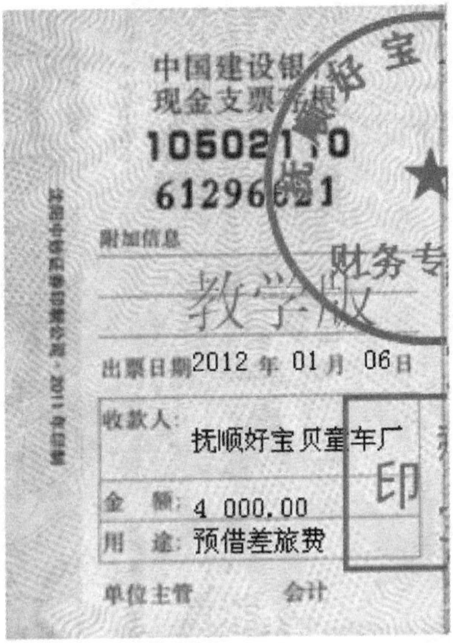
中国建设银行
现金支票存根
10502110
61296621
附加信息
教学版
出票日期2012年01月06日
收款人：抚顺好宝贝童车厂
金　额：4 000.00
用　途：预借差旅费
单位主管　　会计

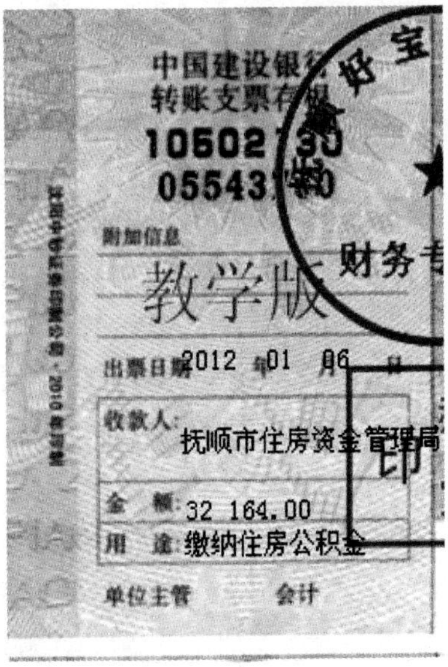
中国建设银行
转账支票存根
10502130
05543[illegible]
附加信息
教学版
出票日期2012年01月06日
收款人：抚顺市住房资金管理局
金　额：32 164.00
用　途：缴纳住房公积金
单位主管　　会计

【业务5】1月6日，缴纳上月住房公积金。记账凭证编号11。

【工作指导】个人负担16 082元，企业负担16 082元，附件“个人清册”5张略。

抚顺市住房公积金汇（补）缴书　　NO 1279812

2012年1月6日　　附清册 5 张

单位名称	抚顺好宝贝童车厂				汇缴：□	2011年12月份	
住房公积金账号	12413168218				补缴：□	年　月份	
缴交金额 人民币（大写）	叁万贰仟壹佰陆拾肆元整					百十万千百十元角分 ¥3216400	
上月汇缴		本月增加数		本月减少数		本月汇缴	
人数	金额	人数	金额	人数	金额	人数	金额
55	32 164.00	0	0.00	0	0	55	¥32 164.00
付款方式	转账☑ 现金□	付款行	建设银行永安支行	付款账号	00002220000897	票据号码	略

单位预留印鉴　　登记专柜盖章　　经办员　耿丽娜

第三联：登记专柜盖章后交单位记账

抚顺市住房公积金管理局 2012.01.06 财务专用章

教学版

【业务6】1月10日，缴纳上月养老、失业、工伤、生育和医保费。记账凭证编号17。

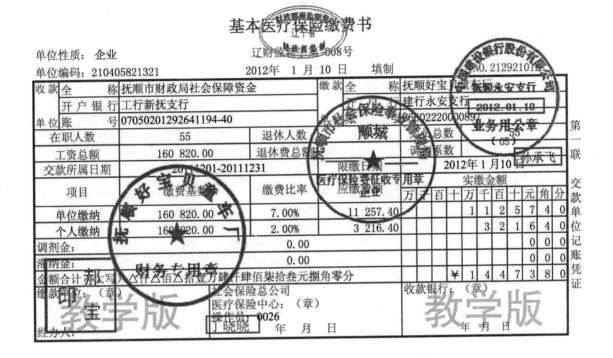

基本医疗保险缴费书

辽财监字 第 008号

单位性质：企业

单位编码：210405821321　　　　2012年 1月 10日 填制

收款单位	全称	抚顺市财政局社会保障资金		缴款单位 全称	抚顺好宝贝童车厂
	开户银行	工行新抚支行		开户银行	建行永安支行
	账号	07050201292641194-40		账号	66022220000897
在职人数		55	退休人数	人员总数	55
工资总额		160 820.00	退休费总额	调剂系数	
交款所属日期		20111201-20111231		限缴日期	2012年1月10日
项目		缴费基数	缴费比率	应缴金额	实缴金额（万千百十万千百十元角分）
单位缴纳		160 820.00	7.00%	11 257.40	1 1 2 5 7 4 0
个人缴纳		160 820.00	2.00%	3 216.40	3 2 1 6 4 0
调剂金：			0.00		0 0 0
滞纳金：			0.00		0 0 0
金额合计（大写）		△仟△佰△拾壹万肆仟肆佰柒拾叁元捌角零分			¥ 1 4 4 7 3 8 0
缴款单位：（章） 经办人：		社会保险总公司 医疗保险中心：（章） 操作员：0026 丁晓晓 年 月 日		收款银行：（章） 年 月 日	

第一联 交款单位记账凭证

教学版　　教学版

中华人民共和国税收通用完税证

地　系统税票号码：2104111000159

(2012)辽地完电　6120456900

注册类型：企业　　填发日期：2012 年 01 月 10 日

征收机关 抚顺市顺城区地方税务局

纳税人代码	210413000000990		地址	抚顺市顺城区临江路18号		
纳税人名称	抚顺好宝贝童车厂		税款所属时期	2011年12月01日至2011年12月31日		
税种	品目名称	课税数量	计税金额或销售收入	税率或单位税额	已缴或扣除额	实缴金额
养老保险费	企业基本养老社会统筹					¥45 029.60
失业保险费	企业失业保险收入					¥4 824.60
工伤保险费	工伤保险费收入					¥ 482.46
生育保险费	生育保险费收入					¥1 286.56
金额合计（大写）	伍万壹仟陆佰贰拾叁元贰角贰分					¥51 623.22
税务机关（盖章）	委托代征单位（盖章）		韩璐 孟庆利 填票人（章）	备注 抚顺市顺城区地方税务局计划征收科		

第二联（收据）交纳税人作完税凭证

微机用票 手写无效

社会保险费缴费申请表

单位类型：企业　　　　填表日期：2012-1-10　9：16：11　　　　金额单位：元

缴费单位	全　　称	抚顺好宝贝童车厂			职工情况	总数	
	税务登记号	210413000000990				上次缴费人数	55
	社保登记证编号	210402100000001	单位电脑编号	21040210001		本次增加人数	0
	开户银行	建行永安支行				本次减少人数	0
	账　　号	66602220000897				公务员在职人数	0
缴费方式	税务征收	费款所属期	20111201-20111231	费款限缴日期	2012年1月10日	公务员退休人数	0

缴费项目	单位缴费							个人缴费					缴费合计
	单位缴费基数	缴费比例	单位划入账户	划入账户利息	单位缴统筹	风险调剂金	合计	个人缴费基数	缴费比例	个人缴费	个人缴费利息	合计	
基本养老保险	160 820	20%	0	0	32 164.00	0	32 164.00	160 820	8%	12 865.60	0	12 865.60	45 029.60
失业保险	160 820	2%	0	0	3 216.40	0	3 216.40	160 820	1%	1 608.20	0	1 608.20	4 824.60
工伤保险	160 820	0.3%	0	0	482.46	0	482.46	0		0.00	0	0	482.46
生育保险	160 820	0.8%	0	0	1 286.56	0	1 286.56	0		0.00	0	0	1 286.56
合计			0	0	37 149.42	0	37 149.42			14 473.80	0	14 473.80	51 623.22

社会保险部门章：　　　　审核经办人：赵小利

第三联　缴费单位记账联

【业务7】1月12日，收到沈阳中兴包装箱押金（现金）。记账凭证编号22。

辽财会账证49　（辽宁省统一收款收据 监制章 辽宁省财政厅监制）

收　款　收　据　　2290911

收款日期2012 年 1 月 12 日

付款单位（交款人）	沈阳中兴商场	收款单位（收款人）	抚顺好宝贝童车厂	收款项目	押金
人民币（大写）	捌佰元整	千 百 十 万 千 百 十 元 角 分：¥ 8 0 0 0 0		结算方式	现金
收款事由	包装物押金	经办	部门	人员	
上述款项照数收讫无误。收款单位财会专用章：（领款人签章）	（抚顺好宝贝童车厂 财务专用章）	会计主管	稽核	出纳	交款人
				王小莉	张曙光

第二联 收款单位记账凭据

使用范围及规定：1、本收据只能用于单位内部和单位与单位、单位与个人之间的非经营性的经济往来，不得代替发票、行政事业性收费（基金）等政府非税收入收据和罚没收据。2、结算方式按现金结算、银行结算和转账等方式分别填列。3、作废时，应加盖作废戳记，并同存根一起保存，不得自行销毁。

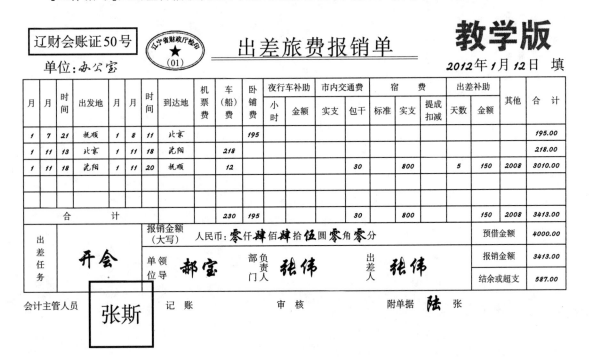

【业务8】1月12日，厂办主任张伟报销差旅费，收回多余借款。记账凭证编号23。

【工作指导】因出差曾借款，往返车票、住宿费发票等粘贴在报销单后面，共计6张。

辽财会账证50号　（辽宁省财政厅检印 (01)）

出差旅费报销单

单位：办公室　　2012年1月12日 填

月	月	时间	出发地	月	月	时间	到达地	机票费	车（船）费	卧铺费	夜行车补助 小时	夜行车补助 金额	市内交通费 实支	市内交通费 包干	宿费 标准	宿费 实支	宿费 提成扣减	出差补助 天数	出差补助 金额	其他	合计
1	7	21	抚顺	1	8	11	北京			195											195.00
1	11	13	北京	1	11	18	沈阳		218												218.00
1	11	18	沈阳	1	11	20	抚顺		12					30		800		5	150	2008	3010.00
合计									230	195				30		800			150	2008	3413.00

出差任务	开会	报销金额（大写）	人民币：零仟肆佰肆拾伍圆零角零分	预借金额	4000.00
		单位领导 郝宝	部门负责人 张伟　出差人 张伟	报销金额	3413.00
				结余或超支	587.00

会计主管人员 张斯　　记 账　　审 核　　附单据 陆 张

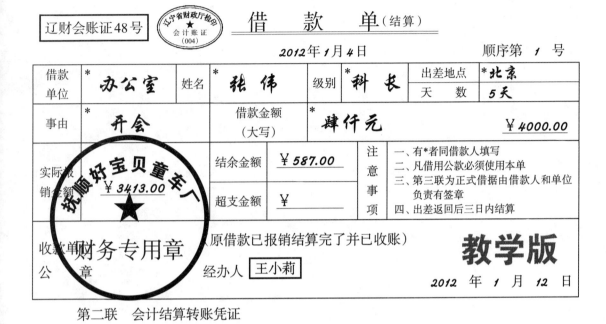

辽财会账证48号　（辽宁省财政厅检印 ★ 会计账证 (004)）

借　款　单（结算）

2012年1月4日　　　　顺序第 1 号

借款单位	*办公室	姓名	*张伟	级别	*科长	出差地点	*北京
						天　数	5天
事由	*开会	借款金额（大写）	*肆仟元				¥4000.00
实际报销金额	¥3413.00	结余金额	¥587.00	注意事项	一、有*者同借款人填写 二、凡借用公款必须使用本单 三、第三联为正式借据由借款人和单位负责有签章 四、出差返回后三日内结算		
		超支金额	¥				
收款单位公章		（原借款已报销结算完了并已收账） 经办人 王小莉				2012年1月12日	

（印章：抚顺好宝贝童车厂 财务专用章）

教学版

第二联　会计结算转账凭证

【业务9】1月12日，存现金。记账凭证编号24。

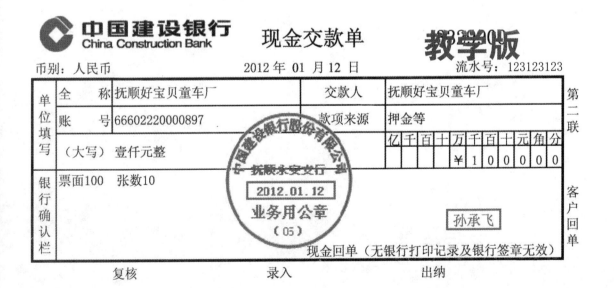

中国建设银行 China Construction Bank　　**现金交款单**　　教学版

币别：人民币　　　　2012年01月12日　　　　流水号：123123123

单位填写	全　称	抚顺好宝贝童车厂	交款人	抚顺好宝贝童车厂										
	账　号	66602220000897	款项来源	押金等										
	（大写）	壹仟元整		亿	千	百	十	万	千	百	十	元	角	分
								¥	1	0	0	0	0	0
银行确认栏	票面100　张数10			孙承飞										
	现金回单（无银行打印记录及银行签章无效）													

（印章：中国建设银行股份有限公司 抚顺永安支行 2012.01.12 业务用公章 (05)）

第二联　客户回单

复核　　　　录入　　　　出纳

【业务 10】1 月 22 日，车间采购生产设备。记账凭证编号 34。

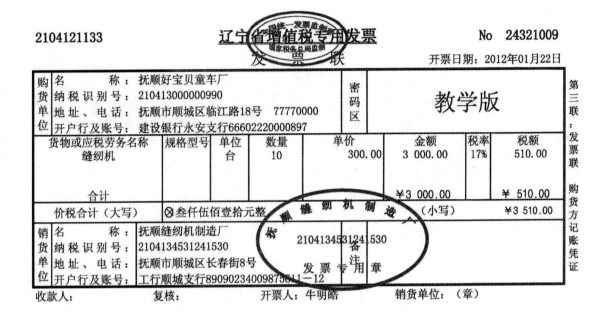

2104121133　　**辽宁省增值税专用发票**　　No 24321009

（全国统一发票监制章 国家税务总局监制）

发 票 联　　开票日期：2012年01月22日

购货单位	名称：抚顺好宝贝童车厂 纳税识别号：210413000000990 地址、电话：抚顺市顺城区临江路18号 77770000 开户行及账号：建设银行永安支行66602220000897			密码区	教学版		
货物或应税劳务名称	规格型号	单位	数量	单价	金额	税率	税额
缝纫机		台	10	300.00	3 000.00	17%	510.00
合计					¥3 000.00		¥ 510.00
价税合计（大写）	⊗叁仟伍佰壹拾元整				（小写）		¥3 510.00
销货单位	名称：抚顺缝纫机制造厂 纳税识别号：2104134531241530 地址、电话：抚顺市顺城区长春街8号 开户行及账号：工行顺城支行89090234009875611－12			备注	（抚顺缝纫机制造厂 2104134531241530 发票专用章）		

收款人：　　复核：　　开票人：牛明皓　　销货单位：（章）

第三联：发票联 购货方记账凭证

2104121133　　**辽宁省增值税专用发票**　　No 24321009

（全国统一发票监制章 国家税务总局监制）

抵 扣 联　　开票日期：2012年01月22日

购货单位	名称：抚顺好宝贝童车厂 纳税识别号：210413000000990 地址、电话：抚顺市顺城区临江路18号 77770000 开户行及账号：建设银行永安支行66602220000897			密码区	教学版		
货物或应税劳务名称	规格型号	单位	数量	单价	金额	税率	税额
缝纫机		台	10	300.00	3 000.00	17%	510.00
合计					¥3 000.00		¥ 510.00
价税合计（大写）	⊗叁仟伍佰壹拾元整				（小写）		¥3 510.00
销货单位	名称：抚顺缝纫机制造厂 纳税识别号：2104134531241530 地址、电话：抚顺市顺城区长春街8号 开户行及账号：工行顺城支行89090234009875611－12			备注			

收款人：　　复核：　　开票人：牛明皓　　销货单位：（章）

第二联：抵扣联 购货方抵扣凭证

固定资产入账（出账）通知单

使用单位：生产车间　　　　2012年1月22日　　　　编号：2012002

固定资产类别	规格型号	建造单位			数量	原值	预计使用年限	预计净残值	每月计提折旧		入账（出账）原因
		名称	日期	编号					月折旧率	月折旧额	
车间设备		缝纫机	2012-1-22	2111	10	3 000	15	300	0.50%	13.50	新购
合计					10	3 000				13.50	

第二联 记账联

教学版

使用单位负责人：张　林　　　　验收人：王晓川

中国建设银行
转账支票存根
10502130
05543739
附加信息
教学版
出票日期 2012年01月22日
收款人：抚顺缝纫机制造厂
金　额：3 510.00
用　途：购买缝纫机
单位主管　会计

中国建设银行
转账支票存根
10502130
05543740
附加信息
教学版
出票日期 2012年01月22日
收款人：抚顺市扬帆远航加油站
金　额：5 260.00
用　途：支付汽油费
单位主管　会计

【业务11】1月22日，支付厂办汽车加油费。记账凭证编号35。

辽宁省抚顺市汽油销售剪贴发票 121041320001

发 票 联 100566068

（全国统一发票监制章 国家税务总局监制）

付款单位（人） 抚顺好宝贝童车厂 2012 年 1 月 22 日 抚国税（12）1批（二）1号

汽油种类	计量单位	数量	单价	金额（千百十元角分）	备注
93#	升	706.04	7.45	5 2 6 0 0 0	本发票联大写金额与剪贴券剪留金额相符（十元以下部分除外），否则无效。
金额合计（大写）	伍仟贰佰陆拾元整			5 2 6 0 0 0	
结算方式	支票	开户银行及账号			

②报销凭证

销货单位（盖章有效） 收款人：安 程 开票人：游可嘉

（抚顺市杨帆远航加油站 财务专用章）

抚顺市杨帆远航加油站
抚顺市顺城区77779999

无剪贴券无效

6 5 4 3 2 1 0 十元

2 1 0 百元

5 4 3 2 1 0 千元

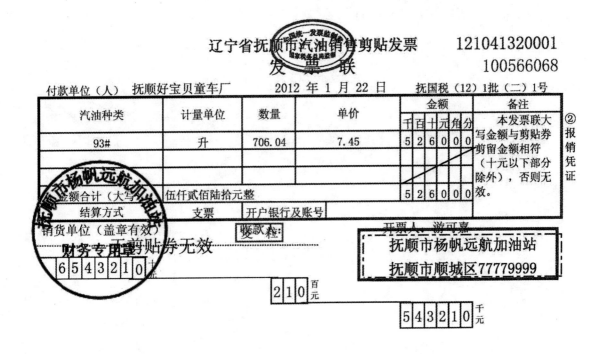

【业务12】1月22日，用现金退回押金。记账凭证编号36。

专 用 收 款 收 据 0428586

（辽宁省统一收款收据 监制章 辽宁省财政厅监制）

辽财会账证49号 收款日期 2012 年 1 月 22 日

付款单位（交款人）	抚顺好宝贝童车厂	收款单位（收款人）	沈阳中兴商场	收款项目	押金
人民币（大写）	捌佰元整	千百十万千百十元角分：¥ 8 0 0 0 0		结算方式	现金
收款事由	收回押金	经办	部门	业务部	
			人员	肖晓林	
上述款项照数收讫无误。收款单位财会专用章：（领款人签章）	会计主管	稽核	出纳	交款人	
	财务专用章		袁程序		

第三联 付款单位付款凭据

（沈阳中兴商场 财务专用章）

教学版

使用范围及规定：1、本收据只能用于单位内部和单位与单位、单位与个人之间的非经营性的经济往来，不得代替发票、行政事业性收费(基金)等政府非税收入收据和罚没收据。2、结算方式按现金结算、银行结算和转账等方式分别填列。3、作废时，应加盖作废戳记，并同存根一起保存，不得自行销毁。

【业务13】1月22日，捐款。记账凭证编号37。

辽财会账证49号　　辽宁省统一收款收据 监制章 辽宁省财政厅监制

专用收款收据　　2555090

收款日期 2012 年 1 月 22 日

付款单位（交款人）	抚顺好宝贝童车厂	收款单位（收款人）	抚顺儿童福利院	收款项目	捐款
人民币（大写）	壹万元整	千百十万千百十元角分	¥1000000	结算方式	转账支票
收款事由	捐赠给儿童的春节营养费	部门		人员	肖晓林
上述款项照数收讫无误。收款单位财会专用章：（领款人签章）	会计主管	稽核	出纳	交款人	
			林晓英	张伟	

第三联 付款单位付款凭据

抚顺儿童福利院 财务专用章

使用范围及规定：1、本收据只能用于单位内部和单位与单位、单位与个人之间的非经营性的经济往来，不得代替发票、行政事业性收费(基金)等政府非税收入收据和罚没收据。2、结算方式按现金结算、银行结算和转账等方式分别填列。3、作废时，应加盖作废戳记，并同存根一起保存，不得自行销毁。

中国建设银行
转账支票存根
附加信息
出票日期 2012年 01月 22日
收款人：抚顺儿童福利院
金　额：10 000.00
用　途：捐款
单位主管　会计

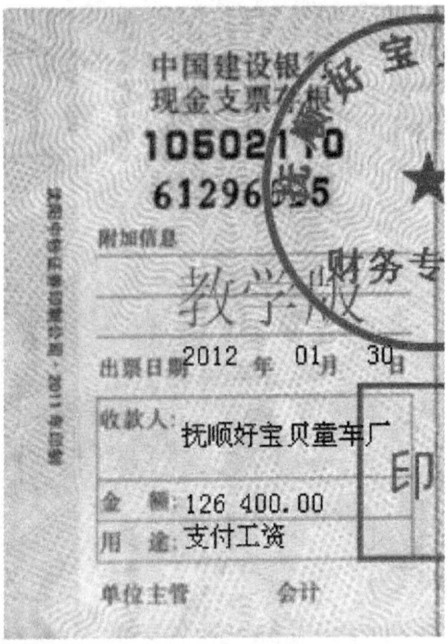
中国建设银行
现金支票存根
10502110
附加信息
出票日期 2012年 01月 30日
收款人：抚顺好宝贝童车厂
金　额：126 400.00
用　途：支付工资
单位主管　会计

【业务14】1月30日，发放本月工资，代扣保险费和个人所得税。记账凭证编号55。

【工作指导】银行支付清单和工资发放表均为6张，其余省略。

中国建设银行股份有限公司抚顺永安支行代理业务清单

日期：2012年01月30日　　制表：18214

客户名称：抚顺好宝贝童车厂　　代理账号：90900012930001468123　　提交日期：2012/01/30

合同号：1201000123　　代理类别：（代理）发放工资　　录入日期：2012/01/30

业务名称：批量托付业务专户　　执行状态：执行完毕　　录入用户：181010

明细序号	账号	客户名称	所属部门	科目	金额	成功金额	执行状态	交易流水号
9909001	94367420591231	郝宝	厂办	21101	5 147.60	5 147.60	成功	81000050
9909002	94367420591232	郝贝	厂办	21101	4 741.11	4 741.11	成功	81000051
9909003	94367420591233	张伟	厂办	21101	4 243.02	4 243.02	成功	81000052
9909004	94367420591234	张斯	厂办	21101	3 645.31	3 645.31	成功	81000053
9909[illegible]	[illegible]4367420591235	任延冬	厂办	21101	2 954.60	2 954.60	成功	81000054

中国建设银行股份有限公司 抚顺永安支行 2012.01.30 业务办公章 (05)

孙承飞

教学版

合计笔数：[illegible]　　成功笔数：55　　失败笔数：0　　未执行笔数：0

总金额：126 400.00　　成功金额：126 400.00　　失败金额：0　　未执行金额：0

第6/6页

职工工资发放表

2012 年 1 月 30 日

姓名	部门	岗位工资	薪级工资	岗位津贴	房补	应付职工工资	医疗保险	失业保险	养老保险	住房公积金	所得税	实发工资	签字或盖章
郝宝	行政	5 000	500	500	600	6 600	132.00	66.00	528.00	660.00	66.40	5 147.60	郝　宝
姓名	部门	岗位工资	薪级工资	岗位津贴	房补	应付职工工资	医疗保险	失业保险	养老保险	住房公积金	所得税	实发工资	签字或盖章
郝贝	行政	4 500	500	500	550	6 050	121.00	60.50	484.00	605.00	38.39	4 741.11	郝　贝
姓名	部门	岗位工资	薪级工资	岗位津贴	房补	应付职工工资	医疗保险	失业保险	养老保险	住房公积金	所得税	实发工资	签字或盖章
张伟	行政	4 000	400	500	500	5 400	108.00	54.00	432.00	540.00	22.98	4 243.02	张　伟
姓名	部门	岗位工资	薪级工资	岗位津贴	房补	应付职工工资	医疗保险	失业保险	养老保险	住房公积金	所得税	实发工资	签字或盖章
张斯	行政	3 600	300	300	420	4 620	92.40	46.20	369.60	462.00	4.49	3 645.31	张　斯
姓名	部门	岗位工资	薪级工资	岗位津贴	房补	应付职工工资	医疗保险	失业保险	养老保险	住房公积金	所得税	实发工资	签字或盖章
任延冬	行政	3 000	200	200	340	3 740	74.80	37.40	299.20	374.00		2 954.60	任延冬
……			…	…	…	…	…	…	…	…	…	…	
合计		108 000	21 600	16 600	14 620	160 820	3 216.40	1 608.20	12 865.60	16 082.00	647.80	126 400.00	

会计主管：张斯　　任延冬

【业务15】1月30日，收到被投资单位宣告并发放的股利。记账凭证编号39。

中国建设银行**进账单**（收账通知） 3　　31134030

2012 年 1 月 30 日

出票人	全　称	抚顺顺福汽贸中心	收款人	全　称	抚顺好宝贝童车厂
	账　号	989320031564		账　号	66602220000897
	开户银行	建行望花支行		开户银行	建设银行永安支行
金额	人民币（大写）	伍拾万元整		亿千百十万千百十元角分	¥50000000
票据种类	支票	票据张数	壹		
票据号码	略				
投资分红 复核　　记账				中国建设银行股份有限公司 抚顺永安支行 2012.01.30 业务用公章 (05) 孙承飞 收款人开户银行签章	

此联是收款人开户银行交给收款人的收账通知

凭证代码：0701

【业务16】1月30日，收到职工违章操作罚款。记账凭证编号40。

辽财会账证49　　辽宁省统一收款收据 监制章 辽宁省财政厅监制

收　款　收　据　　2290912

收款日期2012 年 1 月 30 日

付款单位（交款人）	王小龙	收款单位（收款人）	抚顺好宝贝童车厂	收款项目	罚款
人民币（大写）	叁佰元整		千百十万千百十元角分：¥30000	结算方式	现金
收款事由	违章操作罚款		经办	部门：办公室	人员：张伟
上述款项照数收讫无误。 收款单位财会专用章： （领款人签章）	抚顺好宝贝童车厂 财务专用章	会计主管	稽核	出纳	交款人
				王小莉	王小龙

第二联　收款单位记账凭据

使用范围及规定：1、本收据只能用于单位内部和单位与单位、单位与个人之间的非经营性的经济往来，不得代替发票、行政事业性收费(基金)等政府非税收入收据和罚没收据。2、结算方式按现金结算、银行结算和转账等方式分别填列。3、作废时，应加盖作废戳记，并同存根一起保存，不得自行销毁。

【业务17】1月31日,摊销无形资产。记账凭证编号60。

累计摊销计算表

2012年1月31日

项目	受益部门	分配比例	分配金额
专利权摊销	厂部		4 000.00
非专利技术摊销	厂部		3 500.00
合计			7 500.00

会计主管:张斯　　制单:任延冬

【业务18】1月31日,计提短期借款利息。记账凭证编号61。

借款应付利息计算表

2012年1月31日

起讫期	借款种类	本金	计息积数	年利率	日利率	应付利息
2012.1.6-2012.1.31	短期	2 000 000	50 000 000	4.8600%	0.0135%	6 750.00
合计		2 000 000				6 750.00

会计主管:张斯　　制单:任延冬

【工作任务6】财产清查业务核算工作实训

【业务1】1月30日,盘盈材料。记账凭证编号58。

流动资产盘盈盘亏报告单

2012年1月30日

名称	计量单位	单价	账面数		实存数		盘盈		盘亏			备注
			数量	金额	数量	金额	数量	金额	数量	金额	进项税转出	
彩色帆布	米	59.80	200		400		200	11 960.00				
合计							200	11 960.00				
分析原因与审批意见:												

第一联盘点联

财产清查领导小组组长: 印 郝宝　　制单: 任延冬

【业务2】1月31日,处理盘盈材料。记账凭证编号64。

流动资产盘盈盘亏报告单

2012年1月31日

名称	计量单位	单价	账面数		实存数		盘盈		盘亏			备注
			数量	金额	数量	金额	数量	金额	数量	金额	进项税转出	
彩色帆布	米	59.80	200		400		200	11 960.00				
合计							200	11 960.00				

分析原因与审批意见:
经过财产清查小组仔细调查、核对,盘亏原因及处理结果如下:盘盈彩色帆布是因为供应厂家赠送未入账,决定冲减管理费用。

第二联处理联

财产清查领导小组组长: 印 郝宝　　制单: 任延冬

【业务3】1月31日，计提坏账准备。记账凭证编号65。

坏账准备计提表

2012年1月31日

应收款项	余额	坏账准备提取率	应计提坏账准备金额	期初余额		本期发生额		月末实际计提金额	
				借方金额	贷方金额	借方金额	贷方金额	冲销	补提
商业承兑汇票	1 030 254.00	0.50%	5 151.27		5 799.27				58.00
预付账款	141 200.00	0.50%	706.00						
应收账款	0.00	0.50%	0.00						
合计	1 171 454.00		5 857.27		5 799.27				58.00

会计主管：张斯　　制单：任延冬

【工作任务7】财务成果的计算与分配业务核算工作实训

【业务1】1月31日，结转未交增值税。记账凭证编号66。

未交增值税结转表

2012年1月31日

项目	栏次	金额
本期销项税	1	170 941.54
本期进项税	2	90 798.26
本期进项税额转出	3	0.00
本期未交增值税（多交用负号表示）	4	80 143.28

会计主管：张斯　　制单：任延冬

【业务2】1月31日，计算营业税金及附加。记账凭证编号67。

【工作指导】辽宁省人民政府下发了《关于调整地方教育附加征收标准有关问题的通知》，从2011年2月起，辽宁省境内所有缴纳增值税、消费税、营业税的单位和个人（包括外商投资企业、外国企业及外籍个人）都要按其实际缴纳"三税"的2%征收地方教育附加费。辽宁地区以外的，请了解当地计算标准。

营业税金及附加计算表

2012年1月31日

应交税费明细科目	计算依据		税（费）率	应纳税（费）额
	项目	金额		
城市建设维护税	未交增值税	80 152.28	7%	5 610.66
教育费附加	未交增值税	80 152.28	3%	2 404.57
地方教育附加费	未交增值税	80 152.28	2%	1 603.05
合计				9 618.28

会计主管：张斯　　制单：任延冬

【业务3】1月31日,结转收入类账户。记账凭证编号68。

损益类账户结转表（1）

2012年1月31日

账户名称	借方金额	贷方金额
主营业务收入		944 000.00
其他业务收入		61 538.46
公允价值变动损益		
投资收益		500 000.00
营业外收入		300.00
合计		1 505 838.46

会计主管：张斯　　　　制单：任延冬

【业务4】1月31日,结转费用类账户。记账凭证编号69 1/2；69 2/2。

【工作指导】1张记账凭证不能全部记录这笔业务,需要2张,采用分数编号法69 1/2号凭证合计栏不填写数据,但需要划线注销,合计金额填写在69 2/2号凭证合计栏。原始凭证粘贴在69 1/2后面,69 2/2张原始凭证张数填写“见69 1/2”。

损益类账户结转表（2）

2012年1月31日

账户名称	借方金额	贷方金额
主营业务成本	635 007.98	
其他业务成本	52 907.68	
营业税金及附加	9 617.20	
销售费用	63 115.50	
管理费用	130 324.91	
财务费用	6 956.00	
营业外支出	10 000.00	
资产减值损失	58.00	
合计	907 987.27	

会计主管：张斯　　　　制单：任延冬

【业务5】1月31日,计算所得税。记账凭证编号70。

所得税费用计算表

2012年1月31日

项目	行次	金额
1、税前会计利润	1	597 851.19
2、纳税调整额		
（1）纳税调整增加额	2	0.00
（2）纳税调整减少额	3	0.00
3、应纳税所得额	4=1+2-3	597 851.19
4、适用税率	5	25%
5、当期所得税费用	6=4×5	149 462.80
6、递延所得税费用		
（1）递延所得税负债增加额	8	0.00
（2）递延所得税资产减少额	9	0.00
（3）递延所得税资产增加额	10	0.00
（4）递延所得税负债减少额	11	0.00
7、所得税费用	12=6+8+9－10－11	149 462.80

会计主管：张斯　　制单：任延冬

【业务6】1月31日,结转所得税。记账凭证编号71。

所得税费用结转表

2012年1月31日

项目	应结转至本年利润贷方金额	应结转至本年利润借方金额
所得税费用		149 462.80
合计		149 462.80

会计主管: 张斯　　制单: 任延冬

【业务7】1月31日,提取法定盈余公积和任意盈余公积。记账凭证编号72。

利润分配表

2012年1月31日

项目	分配率	金额
本月净利润		448 388.39
提取法定盈余公积	10%	44 838.84
提取任意盈余公积	5%	22 419.42
利润分配合计		67 258.26

会计主管: 张斯　　制单: 任延冬

【项目三】
会计工作水平测试

会计工作水平测试(一)

一、填空(每空1分,共15分)

1. 财产清查就是通过对__________、__________的实地盘点和对__________、债权、债务的查对,确定其实有数与__________是否相符的一种专门方法。

2. 会计报表可按不同标志进行分类,按经济内容,可分为________、________和__________。

3. 所得税费用是用来核算企业确定的应从当期__________中扣除的所得税费用,是____________类账户。

4. 加工制造业的非生产费用通常由__________、__________和__________构成的。

5. 制造费用账户属于__________账户。月末,结转本月发生的制造费用时,应借记_________账户,贷记__________账户。

二、名词解释(每题2分,共10分)

1. 负债
2. 序时账簿
3. 资产负债表
4. 原始凭证
5. 财产清查

三、单项选择(每题1分,共10分)

1. 经济业务的发生,(　　)会计等式的平衡关系。

A.不会破坏　B.会破坏　C.有时破坏　D.可以破坏

2. 反映资产在本期发生增减变动结果的是(　　)。

A.期初余额　B.本期增加发生额　C.本期减少发生额　D.期末余额

3. 经济业务发生只涉及资产内部有关要素时,其变化规律是(　　)。

A.同时增加　B.同时减少　C.此增彼减　D.不增不减

4. 下列项目中属于会计科目的是(　　)。

A.房屋建筑　B.库存现金　C.外商投资　D.没收罚款

5. 预付账款属于会计要素中的(　　)。
A.资产　B.负债　C.所有者权益　D.费用
6. 记账凭证是根据(　　)编制的。
A.经济业务　B.原始凭证　C.账簿记录　D.审核后的原始凭证
7. “限额领料单”属于(　　)。
A.一次凭证　B.汇总凭证　C.累计凭证　D.外来凭证
8. “库存现金” 的清查主要采用(　　)。
A.询证法　B.技术推算盘点法　C.实地盘点法　D.审阅法
9. 对银行存款的清查盘点通常采用(　　)。
A.审阅账目　B.核对对账单　C.复核账簿记录　D.与开户银行核对账目
10. 记账凭证账务处理程序的适用范围是(　　)。
A.规模较大,业务量较多的单位　B.规模较小,业务量较多的单位
C.规模较小,业务量较少的单位　D.会计基础比较规范的单位

四、多项选择题(每题1分,共10分)

1. 会计要素有(　　)。
A.资产、负债　B.收入、费用　C.银行借款　D.所有者权益　E.利润
2. 下列项目中,属于会计科目的有(　　)。
A.机器设备　B.固定资产　C.流动资产　D.短期借款　E.实收资本
3. 企业的流动负债包括(　　)。
A.库存现金　B.短期借款　C.应付职工薪酬　D.应付账款　E.预收账款
4. 期间费用包括(　　)。
A.管理费用　B.制造费用　C.财务费用　D.销售费用　E.生产费用
5. 账户借方表示(　　)。
A.资产的增加　B.负债的减少　C.收入的减少　D.费用成本的增加
E.所有者权益的增加
6. 下列凭证中,属于记账凭证的有(　　)。
A.收款凭证　B.付款凭证　C.记账凭证汇总表　D.转账凭证　E.累计凭证
7. 下列账户中属于负债类账户的有 (　　)。
A.短期借款　B.应付账款　C.预付账款　D.应收账款　E.应交税费
8. 产品制造企业的主要经营过程包括 (　　)。
A.预测过程　B.供应过程　C.生产过程　D.销售过程　E.核算过程
9. 必须采用订本式账簿的有(　　)。
A.原材料明细账　B.现金日记账　C.银行存款日记账　D.应收账款明细账
E.总账

10. 资产负债表左方的流动资产项目包括（　　）。

A.货币资金　　B.交易性金融资产　　C.应收和预付账款　　D.存货　　E.短期借款

五、简要回答（共10分）

1. 会计核算的基本前提是什么？（2分）

2. 简述会计报表的分类。（3分）

3. 借贷记账法的记账规则是什么？（2分）

4. 试算平衡方法有哪些？（3分）

六、抚顺服装厂本月发生以下经济业务，请你编制会计分录（每题2分，共30分）

1. 向黎明工厂购入面料20匹，每匹8 000元，增值税税率17%，运杂费4 000元，均以银行存款支付，材料验收入库。

2. 以库存现金支付采购员常向东预借差旅费1 500元。

3. 以库存现金发放本月职工工资42 000元。

4. 以银行存款支付本季度短期借款利息6 000元，其中，已预提4 000元。

5. 生产车间生产西服产品领用面料25 000元。

6. 结转本月完工西服产品成本185 000元。

7. 销售西服产品500套，单价520元，货款260 000元，增值税44 200元，当即收到转账支票，存入银行。

8. 以银行存款支付企业办公费4 000元。

9. 以库存现金支付销售产品的运费480元。

10. 收到供应单位违约金罚款8 000元，存入银行。

11. 结转已售西服成本160 000元。

12. 计算城建税7 000元，教育费附加3 000元，地方教育费附加2 000元。

13. 将本月主营业务收入260 000元和营业外收入8 000元转入“本年利润”账户。

14. 将本月发生的主营业务成本160 000元，营业税金及附加12 000元，销售费用480元，管理费用4 000元，财务费用2 000元，结转到“本年利润”账户。

15. 按照本月利润总额的25%计算所得税，并结转。

七、根据抚顺服装厂上述业务的有关内容，编制利润表（15分）

利润表

纳税人单位：　　　　　　纳税人编码：　　　　　纳税人识别号：

所属时期：　　　年　月　日至　　年　月　日　填表日期：　　　　　金额单位：元(列至角分)

项目	行次	本期金额	上年金额
一、营业收入	1		
减：营业成本	2		
营业税金及附加	3		
销售费用	4		
管理费用	5		
财务费用	6		
资产减值损失	7		
加：公允价值变动收益（损失以“—”号填列）	8		
投资收益（损失以“—”号填列）	9		
其中：对联营企业和合营企业的投资收益	10		
二、营业利润（亏损以“—”号填列）	11		
加：营业外收入	12		
减：营业外支出	13		
其中：非流动资产处置损失	14		
三、利润总额（亏损总额以“—”号填列）	15		
减：所得税费用	16		
四、净利润（净亏损以“—”号填列）	17		
五、每股收益：	18		
（一）基本每股收益	19		
（二）稀释每股收益	20		

会计工作水平测试(二)

一、填空(每空1分,共15分)

1. 会计的职能是指会计在______中所具有的功能。会计的基本职能是______和______。

2. 每个账户中记录的金额可以分为______、______、本期减少额和______。

3. 所谓复式记账法,是指对每一项会计业务,都必须用______在两个或两个以上的相关账户中______进行登记的一种记账方法。

4. 会计分录简称______,是依据______对发生的经济业务列示出应借、应贷______及其金额的书面记录。在会计分录中,我们把由两个账户组成的分录称为______。

5. 资产负债表中"货币资金"项目,是根据"________""________"和"________"等总账账户期末余额的合计数填列的。

二、单项选择(每题1分,共10分)

1. 能够直接确定并计入某种产品成本费用的是(　　)。

A.制造费用　　B.间接费用　　C.直接费用　　D.期间费用

2. 国家对企业的投资属于企业的(　　)。

A.资产　　B.收入　　C.所有者权益　　D.负债

3. 通过累计折旧账户对固定资产进行调整,反映固定资产的(　　)。

A.增加价值　　B.原始价值　　C.折旧额　　D.净值

4. 能够提供企业某一类经济业务增减变化总括信息的账簿是(　　)。

A.明细分类账　　B.总分类账　　C.备查账　　D.日记账

5. 对财产物资的清查盘点通常采用(　　)。

A.审阅账目　　B.核对对账单　　C.复核账簿记录　　D.实地盘点法

6. 下列选项中,属于静态报表的是(　　)。

A.资产负债表　　B.利润表　　C.制造费用分配表　　D.现金流量表

7. 各种会计核算形式的主要区别在于(　　)。

A.会计凭证的格式不同　　B.登记总账的依据和方法不同

C.会计账簿格式不同　　D.会计报表的种类不同

8. 描述资产、负债和所有者权益之间数量变化及其规律的表达式是(　　)。

A.账户的结构　　B.会计等式　　C.会计科目　　D.会计要素

9. 下列账户中属于期间费用账户的是(　　)。

A.管理费用　　B.制造费用　　C.生产成本　　D.生产费用

10. 某企业2010年发生的营业收入为500万元,营业成本为300万元,期间费用为45万元,投资收益为20万元,则其营业利润为(　　)。

A.180万元　　B.190万元　　C.200万元　　D.175万元

三、多项选择(每题1分,共10分)

1. 以下属于所有者权益项目的有(　　)。

A.实收资本　B.资本公积　C.盈余公积　D.利润分配　E.本年利润

2. 一项所有者权益增加的同时,引起的另一方面变化可能是(　　)。

A.一项资产增加　B.一项负债减少　C.一项负债增加　D.一项资产减少

E.另一项所有者权益减少

3. 材料采购成本一般包括下列内容(　　)。

A.材料买价　B.装卸搬运费　C.采购人员差旅费　D.运输费

E.采购人员工资

4. 在期末结转损益时,下列账户中应将余额转入"本年利润"账户的是(　　)。

A.营业外收入　B.制造费用　C.管理费用　D.财务费用

E.主营业务成本

5. 下列属于原始凭证的是(　　)。

A.材料请购单　B.销售合同　C.发货票　D.收料单　E.工资结算单

6. 必须采用订本式账簿的有(　　)。

A.现金日记账　B.银行存款日记账　C.总分类账　D.备查账　E.明细分类账

7. 企业对以下哪些过程进行会计核算(　　)。

A.预测过程　B.供应过程　C.生产过程　D.销售过程　E.决策过程

8. 下列项目中,属于"营业外收入"账户核算的内容有(　　)。

A.罚款收入　B.确实无法支付的应付账款　C.接受的捐赠　D.利息收入

E.销售原材料取得的收入

9. 产品成本的构成项目主要有(　　)。

A.直接材料　B.直接人工　C.制造费用　D.期间费用　E.销售费用

10. 资产负债表中的流动负债项目包括(　　)。

A.应交税费　B.盈余公积　C.应付账款　D.未分配利润　E.长期借款

四、名词解释(每题2分,共10分)

1. 资产
2. 费用
3. 会计凭证
4. 会计分录
5. 复式记账法

五、简要回答(每小题5分,共10分)

1. 会计核算的方法有哪些？其相互关系如何？

2. 写出下列等式

(1)营业利润=

(2)利润总额=

(3)净利润=

六、抚顺毛纺厂2012年1月发生以下经济业务,请根据业务描述编制通用记账凭证(每张凭证3分,共45分)

1. 4日,从本溪毛条厂采购毛条一批,价款为10 000元,增值税进项税额为1 700元,对方代垫运杂费300元,款项尚未支付,材料尚未到达企业。

2. 5日,上述毛条到达企业验收入库,按实际成本入账。

3. 5日,车间管理部门领用毛巾2 100元。

4. 5日,车间主任王海林出差归来报销差旅费480元,原借款500元,余款20元退回。

5. 7日,企业以银行存款支付本年度报刊杂志费24 000元。

6. 25日,摊销应由本月负担的无形资产2 000元。

7. 25日,计提固定资产折旧,其中:生产车间负担8 000元,管理部门负担4 000元。

8. 25日,结转本月完工产品成本,其中羊毛呢料成本为23 000元,混纺呢料成本为45 000元。

9. 25日,销售给抚顺服装厂羊毛呢料80 000元,混纺呢料30 000元,货已发出,款项尚未收到,两种产品增值税税率均为17%。

10. 29日,收到上述销售羊毛、混纺呢料产品销售款110 000元,存入银行。

11. 29日,按本月利润总额120 000元的25%计算应交所得税。

12. 29日,提取法定盈余公积金12 000元。

13. 29日,开出商业汇票,支付前欠本溪毛条厂购货款12 000元。

14. 29日,以银行存款支付到期应付鞍山毛条厂的银行承兑汇票117 000元。

15. 29日,收到抚顺服装厂向本企业的投资,其中:收到转账支票100 000元,机器设备500 000元(设备交给生产车间使用)。

会计工作水平测试(三)

一、填空(每空1分,共15分)

1. 错账更正的方法主要有________、________、________。

2. ________________是财务会计报告的主干部分,至少应包括________、________、________、所有者权益变动表和附注。

3. 总账与明细账平行登记的要点是________、________、________。

4. 记账凭证账务处理程序适用于________、________的单位;科目汇总表核算程序适用于________、________的单位。

5. 从事会计工作的人员,必须取得会计从业________。

二、单项选择(每题1分,共10分)

1. 产品制造企业因采购材料而发生的装卸费用,应计入(　　)账户。

A.原材料　　B.应付账款　　C.应交税费　　D. 销售费用

2. 能够直接确定并计入某种产品成本的费用为(　　)。

A.制造费用　　B.间接费用　　C.直接费用　　D.期间费用

3. 下列不属于期间费用的是(　　)。

A.制造费用　　B.财务费用　　C.管理费用　　D.销售费用

4. 下列账户中属于所有者原始投资账户的是(　　)。

A.资本公积　　B.盈余公积　　C.实收资本　　D.未分配利润

5. 对会计要素具体内容进行再分类的项目称为(　　)。

A.会计项目　　B.会计科目　　C.会计账户　　D.报表项目

6. 能够提供企业某一类经济业务增减变化详细会计信息的账簿是(　　)。

A.明细分类账　　B.总分类账　　C.备查账　　D.日记账

7. 记账员根据记账凭证登账时,误将记账凭证中的300元登记为800元,更正这种记账错误应采用(　　)。

A.红字更正法　　B.补充登记法

C.划线更正法　　D.任意一种更正错误的方法

8. 在会计报表中,根据"资产 = 负债 + 所有者权益"这一会计等式编制的是(　　)。

A.资产负债表　　B.利润表　　C.现金流量表　　D.股东权益变动表

9. 企业现金流量表是(　　)。

A.月份报表　　B.季度报表　　C.年度报表　　D.旬报表

10. 资产负债表中资产项目的排列顺序是(　　)。

A.相关性大小　　B.流动性强弱　　C.可比性高低　　D.重要性程度

三、多项选择(每题1分,共10分)

1. 资产负债表中的“存货”项目,包括(　　)的期末余额。

A.在途物资　B.原材料　C.库存商品　D.生产成本

E.应付账款

2. 下列项目中,属于利润分配内容的有(　　)。

A.计算所得税费用　B.提取法定盈余公积

C.向投资者分配利润　D.提取任意盈余公积

E. 弥补上年度亏损

3. 账簿按用途分类,可分为(　　)。

A.订本账　B.备查账　C.序时账　D.分类账

E.活页账

4. 更正错账的方法有(　　)。

A.划线更正法　B. 红字更正法　C.补充登记法　D.除9法

E.逆查法

5. 对账的主要内容有(　　)。

A.账账核对　B.账证核对　C.账簿资料内外核对　D.账实核对

E.账表核对

6. 下列账户中属于损益类账户的有 (　　)。

A.本年利润　B.主营业务收入　C.营业外收入　D.财务费用

E. 销售费用

7. 分配工资费用可以通过 (　　)科目核算。

A.生产成本　B.制造费用　C.管理费用　D.应付职工薪酬

E.销售费用

8. 下列各项属于销售费用的有(　　)。

A.广告费　B.销售人员的工资　C.送货运杂费　D.产品的展销费

E. 招商宣传费

9. 下列账户在期末结转后通常无余额的有(　　)。

A.生产成本　B.制造费用　C.管理费用　D.财务费用

E.库存商品

10. 下列各业务中,通过“应付账款”科目核算的经济业务有(　　)。

A.欠职工个人报销款　B.应付供货方代垫的运费

C.应付材料采购款　D.收取的包装物押金

E.欠基建工程队工程款

四、名词解释(每题2分,共10分)

1. 记账凭证

2. 会计要素

3. 所有者权益

4. 永续盘存制

5. 资产负债表

五、简要回答(每题5分,共10分)

1. 简述借贷记账法的概念、记账规则和试算平衡方法。

2. 简述总分类账户和明细分类账户平行登记的概念和要点。

六、抚顺健身车厂2012年12月份发生下列经济业务,编制通用记账凭证(每张凭证2分,共30分)

1. 4日,购买钢材,材料价款400 000元,增值税税率为17%,以银行存款支付,材料验收入库。

2. 4日,购入铝合金,货款18 000元,增值税税率为17%,另有外地运杂费700元,均已通过银行付清,材料已验收入库。

3. 5日,车间用转账支票购买办公用品一批,共计450元。

4. 5日,收到沈阳中兴偿还前欠货款35 000元,存入银行。

5. 7日,以银行存款缴纳企业所得税18 000元。

6. 8日,厂办张华出差借款2 000元,以现金支票支付。

7. 8日,以银行存款支付排污罚款50 000元。

8. 18日,张华报销差旅费1 500元,余款退回现金500元。

9. 18日,以银行存款预付明年上半年财产保险费80 000元。

10. 18日,职工李红军生活困难,补助600元,以现金付讫。

11. 18日,预提本月银行短期借款利息3 200元。

12. 18日,以银行存款偿还建设银行短期借款100 000元,支付利息6 400元(已预提)。

13. 28日,计算分配本月应付职工工资40 000元,其中生产工人工资30 000元,车间管理人员工资3 000元,厂部管理人员工资7 000元。

14. 28日,销售健身车,货款24 470元,增值税税率为17%,收到转账支票一张已送存银行。

15. 29日,以转账支票支付前欠抚顺钢厂材料款16 000元。

七、根据上述抚顺健身车厂12月份记账凭证登记日记账,要求日清月结(15分)

辽宁省财政厅监印 ★ (04)

银行存款 日记账

第111页

2012年 月	日	凭证号	摘要	对方科目	凭证 种类	凭证 票号	借方	核对号	贷方	核对号	余额
12	1		承前页				988009000		876789990		90000000

【项目四】会计工作能力综合实训

【工作任务1】登记日记账

按照记账凭证编号整理记账凭证，根据记账凭证逐日逐笔登记日记账，日清月结。

【工作任务2】登记明细账

按照记账凭证编号逐日逐笔登记明细账。

【工作任务3】22日编制科目汇总表，登记总账

将1~22日业务汇总一次，设置T型账，编制科目汇总表，登记总账。

【工作任务4】31日编制科目汇总表，登记总账

将23~31日业务再汇总一次，设置T型账，再次登记总账。

【工作任务5】账账核对、账证核对，结账

所有账簿登记工作结束后，账账核对、账证核对，准确无误后结账。

【工作任务6】编制利润表和资产负债表

根据有关账簿记录编制1月份利润表和1月末资产负债表。

【工作任务7】核对银行存款日记账，编制银行存款余额调节表

根据银行对账单核对银行存款日记账，编制1月末银行存款余额调节表。

【工作任务8】装订会计凭证

装订两本会计凭证。

【工作指导】

一、登记日记账工作指导

1. 每个月登记日记账的第一笔业务时填写月份，以后不再重复填写。

2. 每一天登记日记账时要填写日期，如果每天发生业务两笔以上，从第二笔起，可以打"〃"符号，表示与上一行登记的日期是相同的，这种简化方法既方便快捷，在视觉上又易于辨认。

3. 凭证号与记账凭证编号一致。

4. 摘要规范，言简意赅，简明扼要，自己能看懂，别人也能看懂，现在能看懂，未来也能看懂。书写方法规范，书写文字和数字要紧贴底线，文字书写占行高的二分之一。数字书写要占行高的三分之一。

5. 日记账"对方科目"一栏的填写与记账凭证一致，如果因为一借多贷或一贷多借导致的对方科目有多个，只写第一行的对方科目即可。

6. 日记账要逐日逐笔登记，日清月结，每天结出余额。每页登记完毕需要过次页，下一页第一行需要承前页。

7. 登记日记账要认真、仔细，逐一登记，如果出现漏登记，发现时直接补登记，日期、凭证号与记账凭证日期相同。

8. 月末经过核对无误后，在摘要栏加盖本月合计印章(或红字书写“本月合计”)，计算并填写借贷双方发生额合计，在本月合计栏的上下各划一条通栏红线表示结账。

二、登记三栏式明细账工作指导

1. 三栏式明细账适合登记明细科目简单的业务，通常只需要设置二级科目，如应收、应付等往来业务。

2. 逐日逐笔登记三栏式明细账，登记账簿工作要求与登记日记账基本一致，结账方式略有不同。

(1) 三栏式明细账中，债权、债务类明细账，每登记一笔立即结出余额，月末无需结计本月发生额。

(2)登记其他三栏式明细账，平时只登记发生额，月末最后一笔结出余额。

三、登记数量金额式明细账工作指导

1. 数量金额式明细账适合登记原材料、周转材料等业务。

2. 逐日逐笔登记数量金额式明细账，登记要求与登记日记账基本一致，但是登记财产物资类明细账，需要登记数量、单价和金额，并且，每登记一笔，要求立即结出余额，月末不再结计本月发生额。

四、登记多栏式明细账工作指导

1. 借方多栏式明细账，如成本、费用类明细账，要求逐日逐笔登记，月末需要分配或结转，结转前需结出余额。

2. 贷方多栏式明细账，如收入类明细账，要求逐日逐笔登记，月末需要结转，结转前需要结出余额。

3. 借贷双方多栏式明细账，如本年利润、固定资产、应交增值税等，要求逐日逐笔逐项登记，结账方式需要谨慎。

五、登记总账工作指导

1. 采用科目汇总表核算程序登记总账。

2. 根据2012年1月份的业务数量，需要在1~22日汇总一次，23~31日汇总一次。

3. 每次汇总，需要设置T型账，按照记账凭证逐一登记发生额，登记后计算发生额合计数，并根据T型账编制记账凭证汇总表(亦称科目汇总表)。

4. 根据记账凭证汇总表登记总账，登记后先不结出余额。

5. 月末与明细账、日记账核对无误后，计算本月发生额合计数，在摘要栏加盖“本月合计”印章(或红字书写“本月合计”)，填写借贷双方发生额合计数，并结出余额，在本月合计栏上下各划一条通栏红线表示结账。

6. 如果只登记一次，不必合计，只需要结出余额，并在该行下面划一条通栏红线表示结账。

7. 如果没有发生额，不作任何记载，也不划线。

中国建设银行抚顺永安支行对账单

户名：抚顺好宝贝童车厂　　起始日期：20120101　　终止日期：20120131
账号：66602220000897　　打印日期：20120131　　打印时间：13：58：58
币别：01人民币

中国建设银行股份有限公司 抚顺永安支行 2012.01.31 业务专用章 (05)

序号	交易日期	摘要	结算凭证种类	凭证号数	借方（支取）	核对号	贷方（存入）	核对号	余额
	上年结转								95 060.20
1	2012-1-1	收投资款	转账支票	教学版			300 000.00		395 060.20
2	2012-1-4	付材料款	电汇	教学版	12 870.00				382 190.20
3	2012-1-5	货款	转账支票	教学版			82 368.00		464 558.20
4	2012-1-6	借款	贷款转存	教学版			2 000 000.00		2 464 558.20
5	2012-1-6	缴税	电子缴税	教学版	257 701.80				2 206 856.40
6	2012-1-6	缴税、费	电子缴税	教学版	12 206.82				2 194 649.58
7	2012-1-6	付借款	现金支票	教学版	4 000.00				2 190 649.58
8	2012-1-6	缴公积金	转账支票	教学版	32 164.00				2 158 485.58
9	2012-1-7	付运费	转账支票	教学版	3 000.00				2 155 485.58
10	2012-1-9	预付货款	转账支票	教学版	350 000.00				1 805 485.58
11	2012-1-9	付前欠货款	托收凭证	教学版	188 662.50				1 616 823.08
12	2012-1-9	收前欠货款	托收凭证	教学版			137 592.00		1 754 415.08
13	2012-1-10	缴社保费	电子缴税	教学版	66 097.02				1 688 318.06
14	2012-1-12	付前欠货款	转账支票	教学版	2 500.00				1 685 818.06
15	2012-1-12	收汇票款	转账支票	教学版			678 600.00		2 364 418.06
17	2012-1-12	存现金	现金交款单	教学版			1 000.00		2 365 418.06
18	2012-1-16	还本付息	特种转账	教学版	503 550.00				1 861 868.06
19	2012-1-21	预收货款	电子汇划	教学版			248 040.00		2 109 908.06
20	2012-1-21	销售款	电子汇划	教学版			157 950.00		2 267 858.06
21	2012-1-21	付运杂费	转账支票	教学版	280.00				2 267 578.06
22	2012-1-21	付广告费	转账支票	教学版	30 000.00				2 237 578.06
24	2012-1-22	销售款	电子汇划	教学版			292 500.00		2 530 078.06
26	2012-1-22	付材料款	转账支票	教学版	2 060.00				2 528 018.06
27	2012-1-22	付设备款	转账支票	教学版	3 510.00				2 524 508.06
28	2012-1-22	报销汽油费	转账支票	教学版	5 260.00				2 519 248.06
29	2012-1-22	捐款	转账支票	教学版	10 000.00				2 509 248.06
30	2012-1-22	付汇票款	托收凭证	教学版	290 000.00				2 219 248.06
31	2012-1-30	收投资收益	转账支票	教学版			500 000.00		2 719 248.06
33	2012-1-30	提现金	现金支票	教学版	1 000.00				2 718 248.06
34	2012-1-30	付职工福利	现金支票	教学版	35 300.00				2 682 948.06
35	2012-1-30	付手续费	收费凭证	教学版	206.00				2 682 742.06
37	2012-1-30	发放工资	现金支票	教学版	126 400.00				2 556 342.06
38	2012-1-31	付电话费	托收凭证	教学版	4 531.00				2 551 811.06
39	2012-1-31	委托收款	托收凭证	教学版			22 400.00		2 574 211.06
40	2012-1-31	收汇票款	托收凭证	教学版			1 030 254.00		3 604 465.06
		合计			1 941 299.14		5 450 704.00		3 604 465.06

银行存款余额调节表

单位名称：抚顺好宝贝童车厂　　编制人：　　编制日期：

会计截止日期：2012-1-31　　复核人：　　复核日期：

账号：66602220000897

(1) 企业银行日记账 月余额																													
(2) 加：银行已列账单位未列账的收入凭证			金额												(3) 减：银行已列账单位未列账的付款凭证			金额											
月	日	摘要	十	亿	千	百	十	万	千	百	十	元	角	分	月	日	摘要	十	亿	千	百	十	万	千	百	十	元	角	分
		合计															合计												
调整后余额 (1) + (2) − (3) =																													

(4) 银行对账单 月余额																													
(5) 加：单位已列账银行尚未列账的收入凭证			金额												(6) 减：单位已列账银行尚未列账的付款凭证			金额											
月	日	摘要	十	亿	千	百	十	万	千	百	十	元	角	分	月	日	摘要	十	亿	千	百	十	万	千	百	十	元	角	分
		合计															合计												
调整后余额 (4) + (5) − (6) =																													

利润表

纳税人单位：抚顺好宝贝童车厂　　纳税人编码：0413413990　　纳税人识别号：210413000000990
所属时期：2012年01月01日至2012年01月31日　　填表日期：20120131金额单位：元(列至角分)

项目	行次	本期金额	上年金额
一、营业收入	1		9 425 600.00
减：营业成本	2		4 290 000.00
营业税金及附加	3		121 700.00
销售费用	4		254 000.00
管理费用	5		3 612 940.00
财务费用	6		360 000.00
资产减值损失	7		32 000.00
加：公允价值变动收益（损失以“—”号填列）	8		23 100.00
投资收益（损失以“—”号填列）	9		772 900.00
其中：对联营企业和合营企业的投资收益	10		
二、营业利润（亏损以“—”号填列）	11		1 550 960.00
加：营业外收入	12		28 000.00
减：营业外支出	13		425 000.00
其中：非流动资产处置损失	14		
三、利润总额（亏损总额以“—”号填列）	15		1 153 960.00
减：所得税费用	16		380 806.80
四、净利润（净亏损以“—”号填列）	17		773 153.20
五、每股收益：	18		
（一）基本每股收益	19		
（二）稀释每股收益	20		

资产负债表

纳税人单位:抚顺好宝贝童车厂　　纳税人编码:0413413990　　纳税人识别号:210413000000990

所属时期:2012年01月01日至2012年01月31日　　填表日期:20120131　　金额单位:元（列至角分）

资产	行次	期末余额	年初余额	负债和所有者权益（或股东权益）	行次	期末余额	年初余额
流动资产:	1			流动负债:	34		
货币资金	2		97 023.22	短期借款	35		500 000.00
交易性金融产资产	3			交易性金融负债	36		
应收票据	4		3 748 738.00	应付票据	37		290 000.00
应收账款	5		－5 799.27	应付账款	38		2 500.00
预付款项	6		129 600.00	预收款项	39		
应收利息	7			应付职工薪酬	40		98 261.02
应收股利	8			应交税费	41		269 908.62
其他应收款	9			应付利息	42		3 550.00
存货	10		113 763.00	应付股利	43		
一年内到期的非流动资产	11			其他应付款	44		
其他流动资产	12			一年内到期的非流动负债	45		
流动资产合计	13		4 083 324.95	其他流动负债	46		
非流动资产:	14			流动负债合计	47		1 164 219.64
可供出售金融资产	15			非流动负债:	48		
持有至到期投资	16			长期借款	49		5 000 000.00
长期应收款	17			应付债券	50		
长期股权投资	18		1 800 000.00	长期应付款	51		
投资性房地产	19			专项应付款	52		
固定资产	20		8 618 500.00	预计负债	53		
在建工程	21		2 163 488.29	递延所得税负债	54		
工程物资	22			其他非流动负债	55		
固定资产清理	23			非流动负债合计	56		5 000 000.00
生产性生物资产	24			负债合计	57		6 164 219.64
油气资产	25			所有者权益（或股东权益）:	58		
无形资产	26		360 000.00	实收资本（或股本）	59		8 000 000.00
开发支出	27			资本公积	60		
商誉	28			减：库存股	61		
长期待摊费用	29			盈余公积	62		896 929.80
递延所得税资产	30			未分配利润	63		1 964 163.80
其他非流动资产	31			所有者权益（或股东权益）合计	64		10 861 093.60
非流动资产合计	32		12 941 988.29				
资产总计	33		17 025 313.24	负债和所有者权益（或股东权益）总计	66		17 025 313.24

科目名称 库存现金 　　**总 分 类 账** 　　页次 1

2012年		凭证号	摘要	借方											贷方											核对号	借或贷	余额										
月	日			亿	千	百	十	万	千	百	十	元	角	分	亿	千	百	十	万	千	百	十	元	角	分			亿	千	百	十	万	千	百	十	元	角	分
1	1		上年结转																								借						1	9	6	3	0	2

辽宁省财政厅监印 (04)

科目名称 银行存款 　　**总 分 类 账** 　　页次 2

2012年		凭证号	摘要	借方											贷方											核对号	借或贷	余额										
月	日			亿	千	百	十	万	千	百	十	元	角	分	亿	千	百	十	万	千	百	十	元	角	分			亿	千	百	十	万	千	百	十	元	角	分
1	1		上年结转																								借					9	5	0	6	0	2	0

辽宁省财政厅监印 (04)

科目名称 应收票据 　　**总 分 类 账** 　　页次 3

2012年		凭证号	摘要	借方											贷方											核对号	借或贷	余额										
月	日			亿	千	百	十	万	千	百	十	元	角	分	亿	千	百	十	万	千	百	十	元	角	分			亿	千	百	十	万	千	百	十	元	角	分
1	1		上年结转																								借			3	7	4	8	7	3	8	0	0

辽宁省财政厅监印 (04)

辽宁省财政厅检印 (04)

科目名称 应收账款

总分类账

页次 4

2012年		凭证号	摘要	借方											贷方											核对号	借或贷	余额										
月	日			亿	千	百	十	万	千	百	十	元	角	分	亿	千	百	十	万	千	百	十	元	角	分			亿	千	百	十	万	千	百	十	元	角	分

辽宁省财政厅检印 (04)

科目名称 预付账款

总分类账

页次 5

2012年		凭证号	摘要	借方											贷方											核对号	借或贷	余额										
月	日			亿	千	百	十	万	千	百	十	元	角	分	亿	千	百	十	万	千	百	十	元	角	分			亿	千	百	十	万	千	百	十	元	角	分
1	1		上年结转																								借				1	2	9	6	0	0	0	0

辽宁省财政厅检印 (04)

科目名称 其他应收款

总分类账

页次 6

2012年		凭证号	摘要	借方											贷方											核对号	借或贷	余额										
月	日			亿	千	百	十	万	千	百	十	元	角	分	亿	千	百	十	万	千	百	十	元	角	分			亿	千	百	十	万	千	百	十	元	角	分

科目名称 坏账准备

总分类账

页次 7

2012年 月	日	凭证号	摘要	借方（亿千百十万千百十元角分）	贷方（亿千百十万千百十元角分）	核对号	借或贷	余额（亿千百十万千百十元角分）
1	1		上年结转				贷	579927

科目名称 在途物资

总分类账

页次 8

2012年 月	日	凭证号	摘要	借方（亿千百十万千百十元角分）	贷方（亿千百十万千百十元角分）	核对号	借或贷	余额（亿千百十万千百十元角分）

科目名称 原材料

总分类账

页次 9

2012年 月	日	凭证号	摘要	借方（亿千百十万千百十元角分）	贷方（亿千百十万千百十元角分）	核对号	借或贷	余额（亿千百十万千百十元角分）
1	1		上年结转				借	3661100

辽宁省财政厅检印 ★ （04）

科目名称　库存商品　　**总 分 类 账**　　页次　1 0

2012年 月	日	凭证号	摘要	借方（亿千百十万千百十元角分）	贷方（亿千百十万千百十元角分）	核对号	借或贷	余额（亿千百十万千百十元角分）
1	1		上年结转				借	7715200

辽宁省财政厅检印 ★ （04）

科目名称　长期股权投资　　**总 分 类 账**　　页次　1 1

2012年 月	日	凭证号	摘要	借方（亿千百十万千百十元角分）	贷方（亿千百十万千百十元角分）	核对号	借或贷	余额（亿千百十万千百十元角分）
1	1		上年结转				借	180000000

辽宁省财政厅检印 ★ （04）

科目名称　固定资产　　**总 分 类 账**　　页次　1 2

2012年 月	日	凭证号	摘要	借方（亿千百十万千百十元角分）	贷方（亿千百十万千百十元角分）	核对号	借或贷	余额（亿千百十万千百十元角分）
1	1		上年结转				借	1020000000

科目名称 累计折旧 **总分类账** 页次 13

2012年		凭证号	摘要	借方											贷方											核对号	借或贷	余额										
月	日			亿	千	百	十	万	千	百	十	元	角	分	亿	千	百	十	万	千	百	十	元	角	分			亿	千	百	十	万	千	百	十	元	角	分
1	1		上年结转																								贷			1	5	8	1	5	0	0	0	0

科目名称 在建工程 **总分类账** 页次 14

2012年		凭证号	摘要	借方											贷方											核对号	借或贷	余额										
月	日			亿	千	百	十	万	千	百	十	元	角	分	亿	千	百	十	万	千	百	十	元	角	分			亿	千	百	十	万	千	百	十	元	角	分
1	1		上年结转																								借			2	1	6	3	4	8	8	2	9

科目名称 无形资产 **总分类账** 页次 15

2012年		凭证号	摘要	借方											贷方											核对号	借或贷	余额										
月	日			亿	千	百	十	万	千	百	十	元	角	分	亿	千	百	十	万	千	百	十	元	角	分			亿	千	百	十	万	千	百	十	元	角	分
1	1		上年结转																								借				4	5	0	0	0	0	0	0

科目名称 累计摊销　　辽宁省财政厅检印 (04)

总分类账

页次 16

2012年		凭证号	摘要	借方											贷方											核对号	借或贷	余额										
月	日			亿	千	百	十	万	千	百	十	元	角	分	亿	千	百	十	万	千	百	十	元	角	分			亿	千	百	十	万	千	百	十	元	角	分
1	1		上年结转																								贷					9	0	0	0	0	0	0

科目名称 待处理财产损溢　　辽宁省财政厅检印 (04)

总分类账

页次 17

2012年		凭证号	摘要	借方											贷方											核对号	借或贷	余额										
月	日			亿	千	百	十	万	千	百	十	元	角	分	亿	千	百	十	万	千	百	十	元	角	分			亿	千	百	十	万	千	百	十	元	角	分

科目名称 短期借款　　辽宁省财政厅检印 (04)

总分类账

页次 18

2012年		凭证号	摘要	借方											贷方											核对号	借或贷	余额										
月	日			亿	千	百	十	万	千	百	十	元	角	分	亿	千	百	十	万	千	百	十	元	角	分			亿	千	百	十	万	千	百	十	元	角	分
1	1		上年结转																								贷				5	0	0	0	0	0	0	0

科目名称 应付票据

总分类账

页次 19

2012年 月	日	凭证号	摘要	借方（亿千百十万千百十元角分）	贷方（亿千百十万千百十元角分）	核对号	借或贷	余额（亿千百十万千百十元角分）
1	1		上年结转				贷	290000.00

科目名称 应付账款

总分类账

页次 20

2012年 月	日	凭证号	摘要	借方（亿千百十万千百十元角分）	贷方（亿千百十万千百十元角分）	核对号	借或贷	余额（亿千百十万千百十元角分）
1	1		上年结转				贷	2500.00

科目名称 预收账款

总分类账

页次 21

2012年 月	日	凭证号	摘要	借方（亿千百十万千百十元角分）	贷方（亿千百十万千百十元角分）	核对号	借或贷	余额（亿千百十万千百十元角分）

科目名称 应付职工薪酬

总分类账

页次 22

2012年		凭证号	摘要	借方											贷方											核对号	借或贷	余额										
月	日			亿	千	百	十	万	千	百	十	元	角	分	亿	千	百	十	万	千	百	十	元	角	分			亿	千	百	十	万	千	百	十	元	角	分
1	1		上年结转																								贷					9	8	2	6	1	0	2

科目名称 应交税费

总分类账

页次 23

2012年		凭证号	摘要	借方											贷方											核对号	借或贷	余额										
月	日			亿	千	百	十	万	千	百	十	元	角	分	亿	千	百	十	万	千	百	十	元	角	分			亿	千	百	十	万	千	百	十	元	角	分
1	1		上年结转																								贷				2	6	9	9	0	8	6	2

科目名称 应付利息

总分类账

页次 24

2012年		凭证号	摘要	借方											贷方											核对号	借或贷	余额										
月	日			亿	千	百	十	万	千	百	十	元	角	分	亿	千	百	十	万	千	百	十	元	角	分			亿	千	百	十	万	千	百	十	元	角	分
1	1		上年结转																								贷						3	5	5	0	0	0

辽宁省财政厅检印 (04)

科目名称 其他应付款

总分类账

页次 25

2012年		凭证号	摘要	借方											贷方											核对号	借或贷	余额										
月	日			亿	千	百	十	万	千	百	十	元	角	分	亿	千	百	十	万	千	百	十	元	角	分			亿	千	百	十	万	千	百	十	元	角	分

辽宁省财政厅检印 (04)

科目名称 长期借款

总分类账

页次 26

2012年		凭证号	摘要	借方											贷方											核对号	借或贷	余额										
月	日			亿	千	百	十	万	千	百	十	元	角	分	亿	千	百	十	万	千	百	十	元	角	分			亿	千	百	十	万	千	百	十	元	角	分
1	1		上年结转																								贷			5	0	0	0	0	0	0	0	0

辽宁省财政厅检印 (04)

科目名称 实收资本

总分类账

页次 27

2012年		凭证号	摘要	借方											贷方											核对号	借或贷	余额										
月	日			亿	千	百	十	万	千	百	十	元	角	分	亿	千	百	十	万	千	百	十	元	角	分			亿	千	百	十	万	千	百	十	元	角	分
1	1		上年结转																								贷			8	0	0	0	0	0	0	0	0

科目名称 盈余公积　　辽宁省财政厅监印 (04)

总分类账

页次 28

2012年		凭证号	摘要	借方											贷方											核对号	借或贷	余额										
月	日			亿	千	百	十	万	千	百	十	元	角	分	亿	千	百	十	万	千	百	十	元	角	分			亿	千	百	十	万	千	百	十	元	角	分
1	1		上年结转																								贷				8	9	6	9	2	9	8	0

科目名称 本年利润　　辽宁省财政厅监印 (04)

总分类账

页次 29

2012年		凭证号	摘要	借方											贷方											核对号	借或贷	余额										
月	日			亿	千	百	十	万	千	百	十	元	角	分	亿	千	百	十	万	千	百	十	元	角	分			亿	千	百	十	万	千	百	十	元	角	分

科目名称 利润分配　　辽宁省财政厅监印 (04)

总分类账

页次 30

2012年		凭证号	摘要	借方											贷方											核对号	借或贷	余额										
月	日			亿	千	百	十	万	千	百	十	元	角	分	亿	千	百	十	万	千	百	十	元	角	分			亿	千	百	十	万	千	百	十	元	角	分
1	1		上年结转																								贷			1	9	6	4	1	6	3	8	0

辽宁省财政厅监印 (04)

科目名称 生产成本

总分类账

页次 31

2012年		凭证号	摘要	借方											贷方											核对号	借或贷	余额										
月	日			亿	千	百	十	万	千	百	十	元	角	分	亿	千	百	十	万	千	百	十	元	角	分			亿	千	百	十	万	千	百	十	元	角	分

辽宁省财政厅监印 (04)

科目名称 制造费用

总分类账

页次 32

2012年		凭证号	摘要	借方											贷方											核对号	借或贷	余额										
月	日			亿	千	百	十	万	千	百	十	元	角	分	亿	千	百	十	万	千	百	十	元	角	分			亿	千	百	十	万	千	百	十	元	角	分

辽宁省财政厅监印 (04)

科目名称 主营业务收入

总分类账

页次 33

2012年		凭证号	摘要	借方											贷方											核对号	借或贷	余额										
月	日			亿	千	百	十	万	千	百	十	元	角	分	亿	千	百	十	万	千	百	十	元	角	分			亿	千	百	十	万	千	百	十	元	角	分

辽宁省财政厅监印 (04)

科目名称 其他业务收入

总分类账

页次 3 4

2012年		凭证号	摘要	借方											贷方											核对号	借或贷	余额										
月	日			亿	千	百	十	万	千	百	十	元	角	分	亿	千	百	十	万	千	百	十	元	角	分			亿	千	百	十	万	千	百	十	元	角	分

辽宁省财政厅监印 (04)

科目名称 投资收益

总分类账

页次 3 5

2012年		凭证号	摘要	借方											贷方											核对号	借或贷	余额										
月	日			亿	千	百	十	万	千	百	十	元	角	分	亿	千	百	十	万	千	百	十	元	角	分			亿	千	百	十	万	千	百	十	元	角	分

辽宁省财政厅监印 (04)

科目名称 营业外收入

总分类账

页次 3 6

2012年		凭证号	摘要	借方											贷方											核对号	借或贷	余额										
月	日			亿	千	百	十	万	千	百	十	元	角	分	亿	千	百	十	万	千	百	十	元	角	分			亿	千	百	十	万	千	百	十	元	角	分

辽宁省财政厅监印 ★ (04)

科目名称 主营业务成本

总分类账

页次 37

2012年		凭证号	摘要	借方											贷方											核对号	借或贷	余额										
月	日			亿	千	百	十	万	千	百	十	元	角	分	亿	千	百	十	万	千	百	十	元	角	分			亿	千	百	十	万	千	百	十	元	角	分

辽宁省财政厅监印 ★ (04)

科目名称 其他业务成本

总分类账

页次 38

2012年		凭证号	摘要	借方											贷方											核对号	借或贷	余额										
月	日			亿	千	百	十	万	千	百	十	元	角	分	亿	千	百	十	万	千	百	十	元	角	分			亿	千	百	十	万	千	百	十	元	角	分

辽宁省财政厅监印 ★ (04)

科目名称 营业税金及附加

总分类账

页次 39

2012年		凭证号	摘要	借方											贷方											核对号	借或贷	余额										
月	日			亿	千	百	十	万	千	百	十	元	角	分	亿	千	百	十	万	千	百	十	元	角	分			亿	千	百	十	万	千	百	十	元	角	分

辽宁省财政厅检印 ★ (04)

科目名称 销售费用

总分类账

页次 40

2012年		凭证号	摘要	借方											贷方											核对号	借或贷	余额										
月	日			亿	千	百	十	万	千	百	十	元	角	分	亿	千	百	十	万	千	百	十	元	角	分			亿	千	百	十	万	千	百	十	元	角	分

辽宁省财政厅检印 ★ (04)

科目名称 管理费用

总分类账

页次 41

2012年		凭证号	摘要	借方											贷方											核对号	借或贷	余额										
月	日			亿	千	百	十	万	千	百	十	元	角	分	亿	千	百	十	万	千	百	十	元	角	分			亿	千	百	十	万	千	百	十	元	角	分

辽宁省财政厅检印 ★ (04)

科目名称 财务费用

总分类账

页次 42

2012年		凭证号	摘要	借方											贷方											核对号	借或贷	余额										
月	日			亿	千	百	十	万	千	百	十	元	角	分	亿	千	百	十	万	千	百	十	元	角	分			亿	千	百	十	万	千	百	十	元	角	分

辽宁省财政厅检印 (04)

科目名称 资产减值损失

总分类账

页次 43

2012年		凭证号	摘要	借方											贷方											核对号	借或贷	余额										
月	日			亿	千	百	十	万	千	百	十	元	角	分	亿	千	百	十	万	千	百	十	元	角	分			亿	千	百	十	万	千	百	十	元	角	分

辽宁省财政厅检印 (04)

科目名称 营业外支出

总分类账

页次 44

2012年		凭证号	摘要	借方											贷方											核对号	借或贷	余额										
月	日			亿	千	百	十	万	千	百	十	元	角	分	亿	千	百	十	万	千	百	十	元	角	分			亿	千	百	十	万	千	百	十	元	角	分

辽宁省财政厅检印 (04)

科目名称 所得税费用

总分类账

页次 45

2012年		凭证号	摘要	借方											贷方											核对号	借或贷	余额										
月	日			亿	千	百	十	万	千	百	十	元	角	分	亿	千	百	十	万	千	百	十	元	角	分			亿	千	百	十	万	千	百	十	元	角	分

辽宁省财政厅检印 (04)

库存现金 日记账

第1页

2012年		凭证号	摘要	对方科目	借方										贷方										核对号	余额									
月	日				千	百	十	万	千	百	十	元	角	分	千	百	十	万	千	百	十	元	角	分		千	百	十	万	千	百	十	元	角	分
1	1		上年结转																											1	9	6	3	0	2

银行存款 日记账

第1页

2012年		凭证号	摘要	对方科目	凭证		借方											核对号	贷方											核对号	余额										
月	日				种类	票号	十	亿	千	百	十	万	千	百	十	元	角	分		十	亿	千	百	十	万	千	百	十	元	角	分		十	亿	千	百	十	万	千	百	十	元	角	分
1	1		上年结转																																			9	5	0	6	0	2	0

银行存款 日记账

第2页

2012年		凭证号	摘要	对方科目	凭证		借方												核对号	贷方												核对号	余额											
月	日				种类	票号	十	亿	千	百	十	万	千	百	十	元	角	分		十	亿	千	百	十	万	千	百	十	元	角	分		十	亿	千	百	十	万	千	百	十	元	角	分

银行存款　日记账

第3页

2012年		凭证号	摘要	对方科目	凭证		借方												核对号	贷方												核对号	余额											
月	日				种类	票号	十	亿	千	百	十	万	千	百	十	元	角	分		十	亿	千	百	十	万	千	百	十	元	角	分		十	亿	千	百	十	万	千	百	十	元	角	分

辽宁省财政厅监印 ★ （04）

明细科目 沈阳中兴-银行承兑汇票

应收票据 明细账

第1页

2012年		凭证号	摘要	借方											贷方											借或贷	余额										
月	日			亿	千	百	十	万	千	百	十	元	角	分	亿	千	百	十	万	千	百	十	元	角	分		亿	千	百	十	万	千	百	十	元	角	分
1	1		上年结转																							借			2	7	1	8	4	8	4	0	0

辽宁省财政厅监印 ★ （04）

明细科目 抚顺七百

应收票据 明细账

第4页

2012年		凭证号	摘要	借方											贷方											借或贷	余额										
月	日			亿	千	百	十	万	千	百	十	元	角	分	亿	千	百	十	万	千	百	十	元	角	分		亿	千	百	十	万	千	百	十	元	角	分
1	1		上年结转																							借			1	0	3	0	2	5	4	0	0

辽宁省财政厅监印 ★ （04）

明细科目 抚顺中兴

应收账款 明细账

第19页

2012年		凭证号	摘要	借方											贷方											借或贷	余额										
月	日			亿	千	百	十	万	千	百	十	元	角	分	亿	千	百	十	万	千	百	十	元	角	分		亿	千	百	十	万	千	百	十	元	角	分

辽宁省财政厅监印 (04)

明细科目 保险费

预付账款 明细账

第21页

2012年		凭证号	摘要	借方											贷方											借或贷	余额										
月	日			亿	千	百	十	万	千	百	十	元	角	分	亿	千	百	十	万	千	百	十	元	角	分		亿	千	百	十	万	千	百	十	元	角	分
1	1		上年结转																							借				1	2	9	6	0	0	0	0

辽宁省财政厅监印 (04)

明细科目 抚顺轴承厂

预付账款 明细账

第24页

2012年		凭证号	摘要	借方											贷方											借或贷	余额										
月	日			亿	千	百	十	万	千	百	十	元	角	分	亿	千	百	十	万	千	百	十	元	角	分		亿	千	百	十	万	千	百	十	元	角	分

辽宁省财政厅监印 (04)

明细科目 张伟

其他应收款 明细账

第27页

2012年		凭证号	摘要	借方											贷方											借或贷	余额										
月	日			亿	千	百	十	万	千	百	十	元	角	分	亿	千	百	十	万	千	百	十	元	角	分		亿	千	百	十	万	千	百	十	元	角	分

辽宁省财政厅监印 （04）

明细科目

坏账准备　明细账

第 33 页

2012年		凭证号	摘要	借方											贷方											借或贷	余额										
月	日			亿	千	百	十	万	千	百	十	元	角	分	亿	千	百	十	万	千	百	十	元	角	分		亿	千	百	十	万	千	百	十	元	角	分
1	1		上年结转																							贷						5	7	9	9	2	7

辽宁省财政厅监印 （04）

明细科目 抚顺顺抚汽贸中心-成本

长期股权投资　明细账

第 36 页

2012年		凭证号	摘要	借方											贷方											借或贷	余额										
月	日			亿	千	百	十	万	千	百	十	元	角	分	亿	千	百	十	万	千	百	十	元	角	分		亿	千	百	十	万	千	百	十	元	角	分
1	1		上年结转																							借			1	8	0	0	0	0	0	0	0

辽宁省财政厅监印 （04）

明细科目 待处理流动资产损溢

待处理财产损溢明细账

第 39页

2012年		凭证号	摘要	借方											贷方											借或贷	余额										
月	日			亿	千	百	十	万	千	百	十	元	角	分	亿	千	百	十	万	千	百	十	元	角	分		亿	千	百	十	万	千	百	十	元	角	分

明细科目 建行　　辽宁省财政厅监印 ★ (04)

短期借款 明细账

第 45 页

2012年		凭证号	摘要	借方											贷方											借或贷	余额										
月	日			亿	千	百	十	万	千	百	十	元	角	分	亿	千	百	十	万	千	百	十	元	角	分		亿	千	百	十	万	千	百	十	元	角	分
1	1		上年结转																							贷				5	0	0	0	0	0	0	0

明细科目 沈阳帆布厂　　辽宁省财政厅监印 ★ (04)

应付票据 明细账

第 48 页

2012年		凭证号	摘要	借方											贷方											借或贷	余额										
月	日			亿	千	百	十	万	千	百	十	元	角	分	亿	千	百	十	万	千	百	十	元	角	分		亿	千	百	十	万	千	百	十	元	角	分
1	1		上年结转																							贷				2	9	0	0	0	0	0	0

明细科目 鞍钢　　辽宁省财政厅监印 ★ (04)

应付账款 明细账

第 54 页

2012年		凭证号	摘要	借方											贷方											借或贷	余额										
月	日			亿	千	百	十	万	千	百	十	元	角	分	亿	千	百	十	万	千	百	十	元	角	分		亿	千	百	十	万	千	百	十	元	角	分
1	1		上年结转																							贷						2	5	0	0	0	0

明细科目 济南银座　　辽宁省财政厅监印 (04)

预收账款 明细账

第 60 页

2012年		凭证号	摘要	借方											贷方											借或贷	余额										
月	日			亿	千	百	十	万	千	百	十	元	角	分	亿	千	百	十	万	千	百	十	元	角	分		亿	千	百	十	万	千	百	十	元	角	分

明细科目

明细账

第 63 页

年		凭证号	摘要	借方											贷方											借或贷	余额										
月	日			亿	千	百	十	万	千	百	十	元	角	分	亿	千	百	十	万	千	百	十	元	角	分		亿	千	百	十	万	千	百	十	元	角	分

明细科目 沈阳中兴　　辽宁省财政厅监印 (04)

其他应付款 明细账

第 75 页

2012年		凭证号	摘要	借方											贷方											借或贷	余额										
月	日			亿	千	百	十	万	千	百	十	元	角	分	亿	千	百	十	万	千	百	十	元	角	分		亿	千	百	十	万	千	百	十	元	角	分

明细科目 郝宝

辽宁省财政厅检印 ★ (04)

实收资本 明细账

第 81 页

2012年		凭证号	摘要	借方											贷方											借或贷	余额										
月	日			亿	千	百	十	万	千	百	十	元	角	分	亿	千	百	十	万	千	百	十	元	角	分		亿	千	百	十	万	千	百	十	元	角	分
1	1		上年结转																							贷			5	0	0	0	0	0	0	0	0

明细科目 郝贝

辽宁省财政厅检印 ★ (04)

实收资本 明细账

第 84 页

2012年		凭证号	摘要	借方											贷方											借或贷	余额										
月	日			亿	千	百	十	万	千	百	十	元	角	分	亿	千	百	十	万	千	百	十	元	角	分		亿	千	百	十	万	千	百	十	元	角	分
1	1		上年结转																							贷			3	0	0	0	0	0	0	0	0

明细科目 抚顺黎明赛车厂

辽宁省财政厅检印 ★ (04)

实收资本 明细账

第 87 页

2012年		凭证号	摘要	借方											贷方											借或贷	余额										
月	日			亿	千	百	十	万	千	百	十	元	角	分	亿	千	百	十	万	千	百	十	元	角	分		亿	千	百	十	万	千	百	十	元	角	分

明细科目 法定盈余公积

盈余公积　明细账

第90页

2012年 月	日	凭证号	摘要	借方（亿千百十万千百十元角分）	贷方（亿千百十万千百十元角分）	借或贷	余额（亿千百十万千百十元角分）
1	1		上年结转			贷	50000000

明细科目 任意盈余公积

盈余公积　明细账

第93页

2012年 月	日	凭证号	摘要	借方（亿千百十万千百十元角分）	贷方（亿千百十万千百十元角分）	借或贷	余额（亿千百十万千百十元角分）
1	1		上年结转			贷	39692980

明细科目 未分配利润

利润分配　明细账

第96页

2012年 月	日	凭证号	摘要	借方（亿千百十万千百十元角分）	贷方（亿千百十万千百十元角分）	借或贷	余额（亿千百十万千百十元角分）
1	1		上年结转			贷	196416380

明细科目________ **所得税费用　明细账** 第 99 页

2012年		凭证号	摘要	借方											贷方											借或贷	余额										
月	日			亿	千	百	十	万	千	百	十	元	角	分	亿	千	百	十	万	千	百	十	元	角	分		亿	千	百	十	万	千	百	十	元	角	分

明细科目________ **资产减值损失 明细账** 第 102 页

2012年		凭证号	摘要	借方											贷方											借或贷	余额										
月	日			亿	千	百	十	万	千	百	十	元	角	分	亿	千	百	十	万	千	百	十	元	角	分		亿	千	百	十	万	千	百	十	元	角	分

明细科目________ **营业税金及附加明细账** 第 105 页

2012年		凭证号	摘要	借方											贷方											借或贷	余额										
月	日			亿	千	百	十	万	千	百	十	元	角	分	亿	千	百	十	万	千	百	十	元	角	分		亿	千	百	十	万	千	百	十	元	角	分

明细科目 未交增值税　（辽宁省财政厅监印 (04)）

应交税费 明细账

第 108页

2012年		凭证号	摘要	借方											贷方											借或贷	余额										
月	日			亿	千	百	十	万	千	百	十	元	角	分	亿	千	百	十	万	千	百	十	元	角	分		亿	千	百	十	万	千	百	十	元	角	分
1	1		上年结转																							贷					9	1	4	4	0	2	0

明细科目 建行　（辽宁省财政厅监印 (04)）

应付利息 明细账

第 111 页

2012年		凭证号	摘要	借方											贷方											借或贷	余额										
月	日			亿	千	百	十	万	千	百	十	元	角	分	亿	千	百	十	万	千	百	十	元	角	分		亿	千	百	十	万	千	百	十	元	角	分
1	1		上年结转																							贷						3	5	5	0	0	0

明细科目 股权投资收益　（辽宁省财政厅监印 (04)）

投资收益 明细账

第 120页

2012年		凭证号	摘要	借方											贷方											借或贷	余额										
月	日			亿	千	百	十	万	千	百	十	元	角	分	亿	千	百	十	万	千	百	十	元	角	分		亿	千	百	十	万	千	百	十	元	角	分

编号	
名称	铝合金
材质	
规格	

辽宁省财政厅监印 ★ （04）

原材料 明细账

最高存量 ______ 计划价格 ______ 总页 1

储备天数 ______ 最底存量 ______ 计量单位 吨 分页 1

2012年		凭证号	摘要	借方													贷方													核对号	余额												
月	日			数量	单价	金额											数量	单价	金额												数量	单价	金额										
						亿	千	百	十	万	千	百	十	元	角	分			亿	千	百	十	万	千	百	十	元	角	分				亿	千	百	十	万	千	百	十	元	角	分
1	1		上年结转																												0.1	11010						1	1	0	1	0	0

编号	
名称	钢管
材质	
规格	

辽宁省财政厅监印 ★ （04）

原材料 明细账

最高存量 ______ 计划价格 ______ 总页 11

储备天数 ______ 最底存量 ______ 计量单位 吨 分页 1

2012年		凭证号	摘要	借方													贷方													核对号	余额												
月	日			数量	单价	金额											数量	单价	金额												数量	单价	金额										
						亿	千	百	十	万	千	百	十	元	角	分			亿	千	百	十	万	千	百	十	元	角	分				亿	千	百	十	万	千	百	十	元	角	分
1	1		上年结转																												0.4	13000.00						5	2	0	0	0	0

原材料　　明细账

辽宁省财政厅监印 （04）

编号	
名称	钢板
材质	
规格	

储备天数　　最高存量　　最底存量　　计划价格　　计量单位 吨　　总页 21　　分页 1

2012年 月	日	凭证号	摘要	借方 数量	借方 单价	借方 金额（亿千百十万千百十元角分）	贷方 数量	贷方 单价	贷方 金额（亿千百十万千百十元角分）	核对号	余额 数量	余额 单价	余额 金额（亿千百十万千百十元角分）
1	1		上年结转								1	6150.00	615000

原材料　　明细账

辽宁省财政厅监印 （04）

编号	
名称	A型套件
材质	
规格	

储备天数　　最高存量　　最底存量　　计划价格　　计量单位 套　　总页 31　　分页 1

2012年 月	日	凭证号	摘要	借方 数量	借方 单价	借方 金额（亿千百十万千百十元角分）	贷方 数量	贷方 单价	贷方 金额（亿千百十万千百十元角分）	核对号	余额 数量	余额 单价	余额 金额（亿千百十万千百十元角分）
1	1		上年结转								150	89.00	1335000

编号	
名称	B型套件
材质	
规格	

辽宁省财政厅监印 ★ （04）

原材料　　明细账

储备天数　　最高存量　　最底存量　　计划价格　　计量单位 套　　总页 41　分页 1

2012年 月	日	凭证号	摘要	借方 数量	借方 单价	借方 金额（亿千百十万千百十元角分）	贷方 数量	贷方 单价	贷方 金额（亿千百十万千百十元角分）	核对号	余额 数量	余额 单价	余额 金额（亿千百十万千百十元角分）
1	1		上年结转								30	167.00	501000

编号	
名称	彩色帆布
材质	
规格	

辽宁省财政厅监印 ★ （04）

原材料　　明细账

储备天数　　最高存量　　最底存量　　计划价格　　计量单位 米　　总页 51　分页 1

2012年 月	日	凭证号	摘要	借方 数量	借方 单价	借方 金额（亿千百十万千百十元角分）	贷方 数量	贷方 单价	贷方 金额（亿千百十万千百十元角分）	核对号	余额 数量	余额 单价	余额 金额（亿千百十万千百十元角分）
1	1		上年结转								100	57.80	578000

编号	
名称	润滑油
材质	
规格	

储备天数

原材料 明细账

最高存量 计划价格

最底存量 计量单位 公斤

总页 61

分页 1

2012年 月	日	凭证号	摘要	借方 数量	借方 单价	借方 金额	贷方 数量	贷方 单价	贷方 金额	核对号	余额 数量	余额 单价	余额 金额
1	1		上年结转								2	10.00	2000

工程预算： 220万元

开工日期： 2010年6月

完工日期： 2012年6月

在建工程 明细账

2012 年 度

第 1 页

工程名称： 生产车间扩建工程

2012年 月	日	凭证号	摘要	借方（实际发生额） 成本	借方（实际发生额） 利息	借方（实际发生额）	借方（实际发生额）	借方（实际发生额） 合计	贷方（结转）	借或贷	余额
1	1			2000000000	16348829			216348829		借	216348829
			上年结转								

固定资产及折旧明细账

辽宁省财政厅监印 ★ (04)

第 1 页

编号 ______

类别 ______

名称 车间机器设备　规格 ______　型号 ______　单位 ______

使用年限		折旧率	0.50%	名称	规格	数量	名称	规格	数量
残值		折旧额	20 000.00						

2012年		凭证号	摘要	原始价值						累计折旧			净值
				借方		贷方		余额		借方	贷方	余额	
月	日			数量	金额	数量	金额	数量	金额	金额	金额	金额	
1	1		上年结转						400000000			72000000	328000000

固定资产及折旧明细账

第 20 页

编号 ________

类别 ________

名称 车间其他设备 规格 ________ 型号 ________ 单位 ________

（印章：辽宁省财政厅监印 ★（04））

使用年限		折旧率	0.50%	名称	规格	数量	名称	规格	数量
残值		折旧额	4 000.00						

2012年		凭证号	摘要	原始价值					累计折旧			净值
				借方		贷方		余额	借方	贷方	余额	
月	日			数量	金额（千百十万千百十元角分）	数量	金额（千百十万千百十元角分）	数量	金额（千百十万千百十元角分）	金额（千百十万千百十元角分）	金额（千百十万千百十元角分）	千百十万千百十元角分
1	1		上年结转						80000000			1400000 0	66000000

固定资产及折旧明细账

第 10 页

编号

类别

名称 车间房屋建筑 规格 型号 单位

使用年限		折旧率	0.50%	名称	规格	数量	名称	规格	数量
残值		折旧额	15 000.00						

2012年		凭证号	摘要	原始价值						累计折旧			净值
				借方		贷方		余额		借方	贷方	余额	
月	日			数量	金额（千百十万千百十元角分）	数量	金额（千百十万千百十元角分）	数量	金额（千百十万千百十元角分）	金额（千百十万千百十元角分）	金额（千百十万千百十元角分）	金额（千百十万千百十元角分）	千百十万千百十元角分
1	1		上年结转						300000000			36000000	264000000

固定资产及折旧明细账

（辽宁省财政厅监印 ★ (04)）

第 40 页

编号 ______
类别 ______
名称 厂部设备　规格 ______　型号 ______　单位 ______

使用年限		折旧率	0.50%	名称	规格	数量	名称	规格	数量
残值		折旧额	4 500.00						

2012年 月	日	凭证号	摘要	原始价值 借方 数量	原始价值 借方 金额	原始价值 贷方 数量	原始价值 贷方 金额	原始价值 余额 数量	原始价值 余额 金额	累计折旧 借方 金额	累计折旧 贷方 金额	累计折旧 余额 金额	净值
1	1		上年结转						90000000			8550000	81450000

固定资产及折旧明细账

编号 ____

类别 ____

名称 厂部房屋建筑物 规格 ____ 型号 ____ 单位 ____

第 50 页

使用年限		折旧率	0.50%	名称	规格	数量	名称	规格	数量
残值		折旧额	5 000.00						

2012年		凭证号	摘要	原始价值						累计折旧			净值
				借方		贷方		余额		借方	贷方	余额	
月	日			数量	金额（千百十万千百十元角分）	数量	金额（千百十万千百十元角分）	数量	金额（千百十万千百十元角分）	金额（千百十万千百十元角分）	金额（千百十万千百十元角分）	金额（千百十万千百十元角分）	千百十万千百十元角分
1	1		上年结转						100000000			24000000	76000000

固定资产及折旧明细账

第 60 页

编号
类别
名称 厂部汽车　规格　型号　单位

使用年限		折旧率	0.60%	名称	规格	数量	名称	规格	数量
残值		折旧额	3 000.00						

2012年 月	日	凭证号	摘要	原始价值 借方 数量	原始价值 借方 金额	原始价值 贷方 数量	原始价值 贷方 金额	原始价值 余额 数量	原始价值 余额 金额	累计折旧 借方 金额	累计折旧 贷方 金额	累计折旧 余额 金额	净值
1	1		上年结转						50000000			3600000	46400000

名称 婴儿车
规格
等级
计量单位 台

库存商品明细账

总页 100
分页 1

2012年		凭证号	摘要	借方（入库） 生产 数量	单位成本	金额（亿千百十万千百十元角分）	其他增加 数量	金额（亿千百十万千百十元角分）	贷方（出库） 销售 数量	金额（亿千百十万千百十元角分）	其他减少 数量	金额（亿千百十万千百十元角分）	发出商品 数量	金额（亿千百十万千百十元角分）	余额（结存） 数量	平均单位成本	金额（亿千百十万千百十元角分）
月	日																
1	1		上年结转												200	289.51	5790200

名称 儿童多功能车
规格
等级
计量单位 辆

辽宁省财政厅监印 （04）

库存商品明细账

总页 100
分页 51

2012年		凭证号	摘要	借方（入库） 生产 数量	单位成本	金额（亿千百十万千百十元角分）	其他增加 数量	金额（亿千百十万千百十元角分）	贷方（出库） 销售 数量	金额（亿千百十万千百十元角分）	其他减少 数量	金额（亿千百十万千百十元角分）	发出商品 数量	金额（亿千百十万千百十元角分）	余额（结存） 数量	平均单位成本	金额（亿千百十万千百十元角分）
月	日																
1	1		上年结转												50	385.00	1925000

无形资产及摊销明细账

第 1 页

无形资产类别				专利权	购买或研发时间	2011年1月	预计使用年限	5年	月摊销额	4 000.00
2012年		凭证号	摘要	无形资产			累计摊销			净值
				借方	贷方	余额	借方	贷方	余额	
月	日			金额	金额	金额	金额	金额	金额	
				千百十万千百十元角分	千百十万千百十元角分	千百十万千百十元角分	千百十万千百十元角分	千百十万千百十元角分	千百十万千百十元角分	千百十万千百十元角分
1	1		上年结转			24000000			4800000	19200000

辽宁省财政厅监印 (04)

无形资产及摊销明细账

第 11 页

无形资产类别				非专利技术	购买或研发时间	2010年11月	预计使用年限	5年	月摊销额	3 500.00
2012年		凭证号	摘要	无形资产			累计摊销			净值
				借方	贷方	余额	借方	贷方	余额	
月	日			金额	金额	金额	金额	金额	金额	
				千百十万千百十元角分	千百十万千百十元角分	千百十万千百十元角分	千百十万千百十元角分	千百十万千百十元角分	千百十万千百十元角分	千百十万千百十元角分
1	1		上年结转			21000000			4200000	16800000

品　种：婴儿车

计量单位：台

第1页

主营业务收入　明细账

2012年		凭证号	摘要	贷方					借方				余额
				销售收入			劳务收入	合计	销售折让	销售退回	结转	合计	
月	日			数量	单价	亿千百十万千百十元角分	千百十万千百十元角分	亿千百十万千百十元角分	千百十万千百十元角分	千百十万千百十元角分	千百十万千百十元角分	千百十万千百十元角分	亿千百十万千百十元角分

品　种：儿童多功能车

计量单位：辆

第51页

主营业务收入　明细账

2012年		凭证号	摘要	贷方					借方				余额
				销售收入			劳务收入	合计	销售折让	销售退回	结转	合计	
月	日			数量	单价	亿千百十万千百十元角分	千百十万千百十元角分	亿千百十万千百十元角分	千百十万千百十元角分	千百十万千百十元角分	千百十万千百十元角分	千百十万千百十元角分	亿千百十万千百十元角分

品　种：婴儿车

计量单位：台

第 1 页

主营业务成本　明细账

2012年		凭证号	摘要	借方					贷方				
				销售成本			劳务成本	合计	销售退回		结转	合计	
月	日			数量	单价	千百十万千百十元角分	千百十万千百十元角分	千百十万千百十元角分	千百十万千百十元角分	千百十万千百十元角分	千百十万千百十元角分	千百十万千百十元角分	千百十万千百十元角分

品　种：儿童多功能车

计量单位：辆

第 51 页

主营业务成本　明细账

2012年		凭证号	摘要	借方					贷方				
				销售成本			劳务成本	合计	销售退回		结转	合计	
月	日			数量	单价	千百十万千百十元角分	千百十万千百十元角分	千百十万千百十元角分	千百十万千百十元角分	千百十万千百十元角分	千百十万千百十元角分	千百十万千百十元角分	千百十万千百十元角分

科目编号 ________
会计科目 ________

销售费用明细账

第 1 页

2012年		凭证号	摘要	借方（实际发生额）						贷方	余额
月	日			包装费	展览费	广告费	运输费	销售机构经费	合计		
				千百十万千百十元角分	千百十万千百十元角分	千百十万千百十元角分	千百十万千百十元角分	千百十万千百十元角分	千百十万千百十元角分	十百十万千百十元角分	亿千百十万千百十元角分

科目编号 ________
会计科目 ________

财务费用明细账

第 11 页

2012年		凭证号	摘要	借方（实际发生额）						贷方	余额
月	日			利息支出（减：利息收入）	汇兑损失（减：汇兑收益）	手续费	现金折扣（减：收到的现金折扣）		合计		
				千百十万千百十元角分	千百十万千百十元角分	千百十万千百十元角分	千百十万千百十元角分	千百十万千百十元角分	千百十万千百十元角分	十百十万千百十元角分	亿千百十万千百十元角分

辽宁省财政厅监印 （04）

科目编号 ____________

会计科目 ____________

其他业务成本　　明细账

第 21 页

2012年 月	日	凭证号	摘要	借方（实际发生额）销售材料成本	出租固定资产的折旧额	出租无形资产的摊销额	出租包装物的成本或摊销额		合计	贷方	余额
				千百十万千百十元角分	千百十万千百十元角分	千百十万千百十元角分	千百十万千百十元角分	千百十万千百十元角分	千百十万千百十元角分	十百十万千百十元角分	亿千百十万千百十元角分

辽宁省财政厅监印 （U4）

科目编号 ____________

会计科目 ____________

营业外支出　　明细账

第 31 页

2012年 月	日	凭证号	摘要	借方（实际发生额）非流动资产处置损失	非货币性资产交换损失	公益性捐赠支出	非常损失	盘亏损失	合计	贷方	余额
				千百十万千百十元角分	千百十万千百十元角分	千百十万千百十元角分	千百十万千百十元角分	千百十万千百十元角分	千百十万千百十元角分	十百十万千百十元角分	亿千百十万千百十元角分

科目编号 ____________
会计科目 ____________

辽宁省财政厅监印 ★ （04）

其他业务收入 明细账

第 41 页

2012年 月	日	凭证号	摘要	贷方（实际发生额）销售材料收入	出租固定资产收入	出租无形资产收入	出租包装物收入		合计	借方	余额
				千百十万千百十元角分	千百十万千百十元角分	千百十万千百十元角分	千百十万千百十元角分	千百十万千百十元角分	千百十万千百十元角分	十百十万千百十元角分	亿千百十万千百十元角分

科目编号 ____________
会计科目 ____________

辽宁省财政厅监印 ★ （04）

营业外收入 明细账

第 51 页

2012年 月	日	凭证号	摘要	贷方（实际发生额）非流动资产处置利得	非货币性资产交换利得	捐赠利得	盘盈利得	罚没收入	合计	借方	余额
				千百十万千百十元角分	千百十万千百十元角分	千百十万千百十元角分	千百十万千百十元角分	千百十万千百十元角分	千百十万千百十元角分	十百十万千百十元角分	亿千百十万千百十元角分

科目编号 ______
会计科目 建行

长期借款 明细账

第 61 页

2012年 月	日	凭证号	摘要	贷方（实际发生额） 本金	利息调整				合计	借方	余额
				千百十万千百十元角分	千百十万千百十元角分	千百十万千百十元角分	千百十万千百十元角分	千百十万千百十元角分	千百十万千百十元角分	十百十万千百十元角分	亿千百十万千百十元角分
1	1			500000000					5000000000		500000000

科目编号 ______
会计科目 ______

利润分配 明细账

第 71 页

2012年 月	日	凭证号	摘要	借方（实际发生额） 提取法定盈余公积	提取任意盈余公积	应付现金股利或利润	转作股本的股利	盈余公积补亏	合计	借方	余额
				千百十万千百十元角分	千百十万千百十元角分	千百十万千百十元角分	千百十万千百十元角分	千百十万千百十元角分	千百十万千百十元角分	千百十万千百十元角分	亿千百十万千百十元角分